Sabine Hebenstreit-Müller • Barbara Kühnel (Hg.)

Kinderbeobachtung in Kitas

Erfahrungen und Methoden im ersten
Early Excellence Centre in Berlin

Beiträge zur pädagogischen Arbeit des Pestalozzi-Fröbel-Hauses,
Band 6

dohrmann Verlag.berlin

Impressum

© 2004 dohrmannVerlag.berlin

Kinderbeobachtung in Kitas – Erfahrungen und Methoden im ersten
Early Excellence Centre in Berlin
Herausgeberinnen: Sabine Hebenstreit-Müller, Barbara Kühnel
Beiträge zur pädagogischen Arbeit des Pestalozzi-Fröbel-Hauses, Band 6
www.pfh-berlin.de

Titelgestaltung und Fotodesign: Ole Bader, Sandwichpicker GmbH, www.sandwichpicker.com
Fotonachweis: Franziska Wilke; Archiv des Kinder- und Familienzentrums Schillerstraße
Druck: Druckerei Bode GmbH, 04668 Grimma

ISBN 3-9809179-5-9

dohrmannVerlag.berlin
für europäische und interkulturelle Pädagogik
Ringstr. 78, 12205 Berlin
www.dohrmann-verlag.de
Bestellungen:
Fax: 030-80 40 98 90
wdohrmann@pfh-schulen.de

In der Reihe „PFH-Beiträge zur pädagogischen Arbeit" sind bisher erschienen:

Band 1: Das Pestalozzi-Fröbel-Haus –
Entwicklung eines Frauenberufs
Berlin 1991

Band 2: Erziehung im interkulturellen Handlungsfeld
Dokumentation einer Fachtagung
Berlin 1999

Band 3: 125 Jahre Erzieherinnenausbildung
am Pestalozzi-Fröbel-Haus
Berlin 2000

Band 4: Mitten im Kiez
50 Jahre Nachbarschaftsheim und Familienberatung
am Pestalozzi-Fröbel-Haus
Berlin 2004

Bezug für Bände 1 - 4
Pestalozzi-Fröbel-Haus
Frau A. Nowottny
Karl-Schrader-Str. 7-8
10781 Berlin

Band 5: Das Umbrella Programm – in die Zukunft blicken mit Fähigkeiten fürs Leben
In Zusammenarbeit mit dem Leonardo da Vinci Programm der Europäischen Kommission
Berlin 2004

Band 7: Als Erzieherpraktikantin in Europa – Sieben Berichte aus fünf Ländern
Hg.: Barbara Schmitt-Wenkebach, Heidrun Schmidt
Berlin 2004

Bestellungen für die Bände 5 – 7 an den Verlag

Inhalt

Einblicke in die praktische Umsetzung im Pestalozzi-Fröbel-Haus

Vorwort

Es ist mir eine große Ehre, zu diesem Buch, einem Bericht über das Projekt „Kinder- und Familienzentrum - Schillerstraße", ein Vorwort zu schreiben. Wir, das Pen Green Centre in Corby, Northamptonshire, England, befinden uns seit drei Jahren in einem Austauschprogramm mit den Kolleg/innen der Schillerstraße. Wir haben diesen Ideenaustausch mit den deutschen Kolleg/innen sehr genossen und von ihm profitiert. Man kann Ideen zwar nicht von einer Kultur in eine andere verpflanzen, aber der Austausch über diese Ideen, Reflexionen über Theorie und Praxis sowie die Auseinandersetzung über unsere Grundsätze sind unerlässlich, wenn wir vorankommen und neue Vorstellungen verwirklichen wollen.

Internationale Verknüpfungen sind ein wesentlicher Bestandteil für die professionelle Entwicklung unserer Mitarbeiter. Unsere deutschen Kolleg/innen haben mit Unterstützung der Heinz und Heide Dürr-Stiftung zu diesem Lernprozess und zu dem seit drei Jahren andauernden Austausch einen wichtigen Beitrag geleistet.

Die wichtigsten Themen, die während dieser Zeit bearbeitet wurden, waren:
- Einschätzung der Lernfortschritte von Kindern aufgrund von Beobachtungen,
- Stärkung der Autonomie von Kindern durch eine anregende Umgebung, die zu selbsttätigem Lernen anregt,
- Einbeziehung von Eltern in die Lernprozesse von Kindern
- Diskussion von Schlüsselkonzepten in der kindlichen Entwicklung mit den Eltern.

Im Pen Green Centre arbeiten wir kontinuierlich seit über 20 Jahren daran, eine Gemeinschaft von Lernenden für Kinder, Eltern und Mitarbeiter hier in Corby zu schaffen. Wir sind überzeugt davon, dass der Schlüssel für eine bessere Zukunft darin liegt, die Erwartungen, die Eltern für ihre Kinder haben, zu unterstützen und zu fördern.

Chris Athey schrieb 1990: „Nichts ergreift Eltern stärker oder dauerhafter als Erkenntnisse über das Verhalten ihrer Kinder. Dies kann zu einer tiefgreifenden Anteilnahme führen."

Die Beteiligung von Eltern an der Erziehung ihrer Kinder durch den Dialog auf gleichberechtigter Ebene ist sowohl in Pen Green als auch in der Schillerstraße entscheidend. Als ich im Mai 2003 an der jährlichen Beiratssitzung des Kinder- und Familienzentrums teilnahm, war ich von den Beiträgen und dem Engagement der beiden Elternvertreter sehr beeindruckt.

Die Mitarbeiter/innen der Schillerstraße praktizieren sehr erfolgreich die Idee, ein Zentrum zu schaffen, in der eine qualitativ hervorragende Arbeit geleistet wird (ein Early Excellence Centre), in dem Fachkräfte in einem Ideenaustausch miteinander stehen und pädagogische Innovationen realisieren.

Ich glaube, dass dieses Buch Zeugnis von einer bedeutenden pädagogischen Unternehmung ablegt, die für die Erziehungspraxis in Deutschland in den kommenden Jahren von großer Bedeutung sein wird.

Cath Arnold, Pen Green Centre, Corby, Mai 2004

Einleitung

Mit diesem Materialienband stellt das PFH die Arbeitsergebnisse seines Projektes im Kinder- und Familienzentrum – Schillerstraße mit dem Fokus auf Beobachtung von Kindern vor. Es ist ein zentrales Ergebnis unserer Projektarbeit, dass Beobachtungen der Schlüssel sind für eine veränderte Arbeit mit den Kindern und mit ihren Familien. Wir konzentrieren uns deshalb in diesem Band auf diese Thematik und werden in den folgenden Materialienbänden den Schwerpunkt legen auf die Zusammenarbeit mit Eltern und die Öffnung der Kindertagesstätte zum Stadtteil. Unsere Zielgruppe sind interessierte Praktiker/innen und Multiplikator/innen, die Interesse an einem Aufbau eines Early Excellence Centres haben und interessiert sind an einem Austausch.

An den Anfang stellen wir den Beitrag von Brigitte Gerhold, Sabine Hebenstreit-Müller und Barbara Kühnel, die sich mit der Konzeption und der praktischen Arbeit des Pen Green Centres in Corby auseinander setzen und die Frage stellen, ob dieses ein Modell sein kann, das aus Berliner Perspektive übertragbar ist und neue Impulse für die Arbeit in Kindertagesstätten setzen kann. Der Beitrag ist entstanden nach einem ersten gemeinsamen Besuch der Autorinnen in Corby und war eine erste Grundlage für die Entwicklung des Modellprojekts „Kinder- und Familienzentrum - Schillerstrasse" im Pestalozzi-Fröbel-Haus.

Jutta Burdorf-Schulz und Renate Müller schildern daran anschließend die Programmziele der Early Excellence Centres in England und die ersten Schritte beim Aufbau des Modellversuchs in Berlin.

Die Hospitationen der Erzieher/innen in England spielen im Projekt eine zentrale Rolle. Die Erzieher/innen erhalten darüber die Möglichkeit, sich selbst ein Bild von der Arbeit in Corby zu machen und gewinnen ein lebendiges Bild von der Komplexität einer solchen Arbeit. Das Gefühl dafür, was im Rahmen des Modellversuchs wichtig und übertragbar ist, kann durch eigenen Augenschein erworben werden. Mittlerweile waren alle Erzieher/innen des Kinder- und Familienzentrums - Schillerstraße in Corby. Die Besuche werden jeweils gemeinsam vorbereitet. Jede Erzieherin bekommt Fragestellungen mit auf den Weg und ist gehalten, einen Bericht anzufertigen, so dass die Erfahrungen wieder zurückfließen in die eigene Arbeit und konzeptionelle Weiterentwicklung der Kita in der Schillerstraße. Das Pen Green Centre ist selbst immer in Bewegung und entwickelt sich ständig weiter. Die Erzieher/innen erhalten dadurch neue Impulse und vor allen Dingen die Sicherheit, dass man Corby nicht 1:1 schematisch übertragen kann, sondern dass ein solcher Modellversuch selbst etwas Lebendiges sein muss, das auf die spezifischen Bedingungen in der eigenen Kita immer wieder neu angepasst werden muss.

In unseren Materialienband haben wir zwei Berichte von Cornelia Pforr und Angelika Scholz sowie von Regina Auth und Ramona Zimmermann aufgenommen, die einen Einblick geben von der Arbeit in Corby, aber auch von der Art und Weise, wie diese von den Erzieher/innen erlebt wird. Die beiden Berichte zeigen zugleich die Fortschritte, die in der Schillerstraße gemacht wurden. Ein Bericht wurde eher zu Beginn und ein weiterer zwei Jahre später verfasst.

In unserem Projekt arbeiten wir in Orientierung am englischen Modell mit Schemata. Franziska Wilke, die im Rahmen ihres Studiums an der Freien Universität Berlin ein Praktikum in der Schillerstraße absolviert hat, stellt in ihrem Beitrag die theoretische Fundierung der Schemata in der Theorie Piagets dar und zeigt, wie damit im Alltag einer Kita umgegangen werden kann. Wir können uns sehr wohl vorstellen, dass es auch andere Verfahren der Beobachtungen gibt. Wir haben uns jedoch dafür entschieden, die Methode aus Corby auch in der Schillerstraße auszuprobieren und haben damit ausgesprochen positive Erfahrungen gemacht. Im Kern geht es uns dabei darum, dass die Schemata dazu beitragen, den Fokus der Beobachtungen auf das zu lenken, was die Kinder tatsächlich tun. Die Erzieher/innen werden durch die Schemata darin unterstützt, genau zu beschreiben, was sie sehen, hören und fühlen und diese Beschreibung zu trennen von ihren eigenen Interpretationen. Konkretisiert werden die Ausführungen von Franziska Wilke in dem anschließenden Beitrag zur Arbeit mit Schemata im Pen Green Centre und dem Anschauungsmaterial aus der Schillerstraße.

Barbara Kühnel stellt in ihrem Beitrag das im Rahmen des Projekts entwickelte ressourcenorientierte Beobachtungssystem, die Beobachtungsmethode sowie die Anwendung in der Praxis vor.

In ihren Evaluationsberichten beschreiben Marianne Meinhold und Michaela Gross-Letzelter die Umsetzung und Entwicklung des Projektes. Die Autorinnen stellen den Entwicklungsprozess weitgehend aus der Perspektive der Erzieher/innen dar und bieten damit lebendige Einblicke in die Praxis.

Abschließend eine Anmerkung zur Verwendung der englischen Begriffe: Wir haben uns entschieden, bestimmte englische Begriffe wie Story Time, Area, Family Worker im Projekt und entsprechend auch im Materialienband zu verwenden, weil mit ihnen bestimmte Bedeutungen verbunden sind, die manchmal nicht identisch ins Deutsche zu übersetzen sind. Family Worker übersetzt als Familienarbeiter oder Familienhelfer bedeutet im Deutschen etwas ganz anderes als in England. Im Pen Green Centre in Corby unterstreicht der Begriff Family Worker, dass die Erzieherin nicht nur für das einzelne Kind, sondern für die gesamte Familie zuständig ist. Den Begriff „Schema / Schemata" wiederum verwenden wir in Anlehnung an Piaget.

Unser besonderer Dank gilt dem Team des Kinder- und Familienzentrums – Schillerstraße, das mit großem Engagement, Selbstbewusstsein und Pioniergeist ein auf die Bedingungen in einer Berliner Kita zugeschnittenes Modell eines Early Excellence Centres entwickelt hat.

Unser Dank gilt zudem Dr. Annette Lepenies für ihre Unterstützung und Begleitung des Projektes.

Zu danken ist nicht zuletzt der Heinz und Heide Dürr-Stiftung, die dieses Projekt überhaupt erst möglich gemacht hat. Aus der Überzeugung heraus, dass Kinder und Familien in unserem Land besondere Unterstützung brauchen und wir in diesem Bereich noch viel von anderen Ländern lernen können, haben Heinz und Heide Dürr das Projekt nicht nur finanziell gefördert. Ihr inhaltliches Interesse am Projekt und viele Diskussionen mit den Fachleuten vor Ort haben den Fortgang des Projektes und auch die Motivation aller Beteiligten wesentlich beeinflusst.

Die Herausgeberinnen

Ein Modellversuch entsteht –
Konzeptentwicklung
und erste Umsetzungsschritte

Ein Funke springt über – erste Annäherungen an ein neues pädagogisches Konzept

Brigitte Gerhold, Sabine Hebenstreit-Müller,
Barbara Kühnel

Im Pen Green Centre der englischen Kleinstadt Corby wird Kindererziehung mit Qualifizierungs- und Beratungsangeboten für Eltern und andere Interessierte verbunden.

Es war die Heinz und Heide Dürr-Stiftung, die sich vornahm, ein ähnliches Centre in Berlin in Kooperation mit dem englischen Modell aufzubauen, dafür eine Institution zu suchen und ihr die finanziellen Mittel für die Umsetzung bereitzustellen. Dies hat sich in besonderer Weise mit Konzepten getroffen, wie sie bereits im Pestalozzi-Fröbel-Haus erarbeitet wurden.

Im Folgenden berichten wir über das Pen Green Konzept in Corby und den Beginn seiner Umsetzung in einer Kita des Pestalozzi-Fröbel-Hauses in Berlin.

Die Geschichte des Pen Green-Centres in Corby in Northamptonshire, in den englischen Midlands, begann 1983, und im Laufe der Jahre entwickelte es sich zu einer komplexen Organisation, vernetzt mit vielen anderen Einrichtungen und Institutionen. Nicht einzelne Angebote oder ihre Summe machen das Besondere des Zentrums aus, sondern die Entschiedenheit und Konsequenz, mit der eine bestimmte Grundhaltung Eltern und Kindern gegenüber, ein bestimmtes Menschenbild, umgesetzt werden.

Grundprinzipien und Leitideen des Pen Green Centres
Es sind vor allem zwei Grundprinzipien, die den Geist des Pen Green Centres prägen:

„Unser Bild vom Kind bedeutet, es ist reich an Potentialen, stark, kraftvoll, kompetent und vor allem verbunden mit Erwachsenen und anderen Kindern."
(Malaguzzi)

„Nichts berührt Eltern intensiver und dauerhafter als die Vermittlung von Einsichten in das Verhalten des eigenen Kindes. Ihre Beteiligung kann grundlegende Effekte haben." (Athey)

Das Kind wird zuallererst in seinen Stärken und Kompetenzen wahrgenommen. Sie herauszufinden, zu beobachten und zu fördern ist zentrales Anliegen aller pädagogischen Arbeit und methodischen Ansätze bei Pen Green. Damit korrespondiert eine Sichtweise auf die Eltern als Experten ihrer Kinder. Also gilt es, auch die Eltern in ihrer Entwicklung und in ihrem Selbstbewusstsein zu stärken, denn Kinder brauchen Eltern, die sich kompetent fühlen und sich etwas zutrauen. Das Pen Green Zentrum offeriert Eltern deshalb eine Vielzahl von Angeboten, die auf den ersten Blick nichts mit Kindern zu tun haben, jedoch darauf zielen, Eltern in ihrem unmittelbaren Lebenszusammenhang zu stärken und ihnen den Erwerb von zusätzlichen Qualifikationen zu ermöglichen. Einzelnen Müttern und Vätern bietet das Zentrum darüber hinaus bezahlte Arbeit an.

Arbeitsweise des Pen Green Centres

Im Folgenden stellen wir aus unserer Sicht charakteristische Merkmale des Centres dar, und zwar vor allem die Aspekte, die uns im Vergleich zur Situation in Deutschland bemerkenswert und markant erscheinen. Die Frage ihres möglichen oder sinnvollen Transfers muss dabei offen gestellt werden.

Durch die Haltung und Einstellung der Mitarbeiter/innen sowie durch die Einrichtung und Gestaltung des Pen Green Zentrums entsteht eine **einladende Atmosphäre** für Kinder und Eltern. Als Gesamteindruck stellt sich für die Familien dar: Hier sind alle Familienmitglieder willkommen, alle sind zum Bleiben eingeladen, und jede/r kann sich wohl fühlen. In den Gruppenräumen der Kinder gibt es auch Platz für Eltern, sie laden zum Mitmachen und Ausprobieren ein und bieten Identifikationsmöglichkeiten mittels Fotowänden und Büchern - über die Kinder oder mit ihnen gestaltet. Zudem gibt es einen Familien-Raum mit bequemen Möbeln, einer Küche und Spielzeug für die jüngeren Kinder. Hier können sich Eltern ausruhen, mit anderen Eltern in Kontakt treten oder sich mit den Mitarbeiter/innen unterhalten. Die Überzeugung, dass dieser Ort ein Ort für Familien ist, an dem sich Kinder, Eltern und Mitarbeiter/innen gemeinsam weiter entwickeln, voneinander und miteinander lernen, prägt die Atmosphäre.

Der Kernbereich des Pen Green Centres ist die **Nursery**, in der 36 Kinder im Alter von zwei bis fünf Jahren betreut werden. In England gehen bereits fünfjährige Kinder in die Infant School. Die Erzieher/innen heißen Family Worker und sind nicht nur für die Kinder zuständig, sondern für die gesamte Familie. Ein Family Worker betreut acht bis zehn Kinder und ihre Familien.

Die **Arbeit mit Eltern** findet nicht nur in Form von Einzelveranstaltungen wie Elterngesprächen oder Elternabenden statt. Es geht vielmehr um eine intensive Zusammenarbeit, wozu Hausbesuche, Gespräche und die gemeinsame Förderplanung, bezogen auf die Kinder, gehören. Die dafür notwendige Zeit steht selbstverständlich zur Verfügung.

Gerade dieses System verhindert aus unserer Sicht, dass Konkurrenz zwischen Eltern und Erzieher/innen entsteht, denn die Erzieherin ist nicht nur für das Kind, sondern für die gesamte Familie zuständig und läuft damit nicht mehr Gefahr, die bessere Mutter sein zu wollen. Zum Pen Green-Konzept gehört es, diese Haltung immer auch gegenständlich, visuell wahrnehmbar zu machen. Deshalb gibt es in der Nursery Identifikationsorte für die Family Worker, die Kinder und ihre Familien.

Den Ausgangspunkt für die Förderung der Kinder und zugleich die Grundlage für die Arbeit mit den Eltern bilden **genaue Beobachtungen** der Kinder und deren Dokumentation. Für jedes Kind werden Situationsbücher angelegt, in denen seine Entwicklungsschritte festgehalten werden. Jeweils zwei Kinder werden an einem Tag besonders beobachtet, auch mittels Video und Fotografie. Die Beobachtungen konzentrieren sich auf Momente, in denen die Kinder in ihr Spiel vertieft sind, um typische Muster zu entdecken, Schemata gewissermaßen, denen die kindliche Entwicklung folgt. Solche Schemata sind der Schlüssel zu den eigenen Ideen der Kinder, ihren Gefühlen, Beziehungen und dem körperlichen Befinden. Die Beobachtungen liefern die Grundlage für den Dialog mit den Eltern, für gemeinsame Überlegungen zum Entwicklungsstand der Kinder und zu den Fördermöglichkeiten. Ziel ist es, die Kinder in ihrem Lern- und Forschungsdrang zu unterstützen. Dabei nehmen Eltern wie Erzieher/innen selbst eine Forscherperspektive ein, indem sie genau beobachten, dokumentieren und die Ergebnisse gemeinsam reflektieren.

Seit seiner Gründung hat sich das Pen Green Centre erheblich ausgeweitet und mit vielen Institutionen und Einrichtungen auf regionaler und nationaler Ebene vernetzt. Die Palette seiner **Angebote** umfasst nicht nur die Nursery, sondern auch Säuglingsgruppen, Eltern-Kind-Gruppen und Fortbildungs- oder Qualifizierungskurse. Bemerkenswert ist dabei, dass die Angebote die Eltern nicht nur in ihrer Elternrolle ansprechen, sondern dass auch berufsqualifizierende Weiterbildungskurse stattfinden. Wer an einer entsprechenden Qualifizierung teilgenommen hat, kann Honorartätigkeiten in der Einrichtung übernehmen.

Das Pen Green Centre verfügt über eine **eigene Forschungsabteilung**, die den Prozess der Weiterentwicklung regelmäßig evaluiert und dokumentiert. Im Austausch mit der Praxis werden die Ergebnisse reflektiert, Annahmen werden überprüft und Indikatoren erarbeitet, an denen sich erfolgreiche Arbeit ablesen lässt. Für die Praxis bedeutet das eine ständige Qualifizierung. Zugleich werden Impulse für Weiterentwicklung gegeben. Das Forschungszentrum ist zugleich ein Ort, an dem sich Eltern und Erzieher/innen treffen, um sich über ihre Beobachtungen und Erfahrungen auszutauschen.

Perspektive: Pen Green in Berlin

Die vielfältigen Angebote und die Überschaubarkeit des Pestalozzi-Fröbel-Hauses ermöglichen unbürokratisches Vorgehen bei der Weiterentwicklung und Umsetzung von pädagogischen Konzepten. Dies kommt Nutzer/innen und Beschäftigten gleichermaßen zugute. Das **Pestalozzi-Fröbel-Haus** wurde 1874 von Henriette Schrader-Breymann in Berlin gegründet, deren pädagogische Konzeption sich an den Vorstellungen Friedrich Fröbels und Johann Heinrich Pestalozzis orientierte. Das heutige Pestalozzi-Fröbel-Haus ist ein integrativer Berufsbildungs- und Kinder/Jugendhilfeverbund und sieht sich in einem lebendigen Diskurs mit den Traditionen des Hauses.

Das Pestalozzi-Fröbel-Haus orientiert sich an folgenden gemeinsamen Grundprinzipien für die Ausbildung und die Praxis:

Ganzheitlichkeit

Dieser Begriff steht für die umfassende Förderung von Kindern, Jugendlichen und Erwachsenen mit dem Ziel, sie eine selbstbestimmte Orientierung für das eigene gegenwärtige und zukünftige Leben finden zu lassen.

Systembezug

Soziale, ökonomische und politische Zusammenhänge, in denen Menschen leben, werden beachtet und in die sozialpädagogische und therapeutische Arbeit einbezogen. Das erfordert unter anderem, bereichsübergreifend zu kooperieren, um bedarfsgerecht und bedarfsorientiert zu arbeiten.

Hilfe zur Selbsthilfe

Alle Arbeitsbereiche sehen ihre ureigenste Aufgabe darin, den Menschen zu ermöglichen, das eigene Leben selbstbestimmt zu gestalten, selbständig zu handeln und sich aus Abhängigkeiten unterschiedlichster Art zu lösen. Ziel soll es sein, die Kreativität der Menschen zu fördern und sie zu befähigen, ihre eigenen Ressourcen zu erkennen.

Das Pestalozzi-Fröbel-Haus bietet einmalige Bedingungen, das Spannungsfeld zwischen gesellschaftlichen Realitäten und Zielen produktiv und innovativ zu nutzen, da es Aufgabe aller Mitarbeiter/innen des Hauses ist, Verantwortung für die Ausbildung und Weiterbildung von sozialpädagogischen Fachkräften und für die Bildung, Erziehung und Betreuung von Kindern, Jugendlichen und Familien zu tragen. Zu den gemeinsamen Aufgaben von Ausbildung und Praxis gehören die Entwicklung und Sicherung von Qualitätsstandards in den Kindertagesstätten, die Beratung der Einrichtungen und die Weiterentwicklung von Konzepten durch die Kita- und Fachberatung sowie die Fort- und Weiterbildung von Erzieher/innen für die Aufgaben in ihren jeweiligen Arbeitsfeldern.

Diese Ressourcen ermöglichten es uns, nach dem Besuch des englischen Pen Green Centres, nach vielen Gesprächen und nach der Teilnahme an einer Konferenz in Corby, ein übergreifendes, lebensweltorientiertes Konzept für den exemplarischen Aufbau eines Pen Green Modells in Berlin zu erarbeiten. Wir beziehen uns dabei auf Aspekte, von denen wir erhoffen, dass sie unsere Arbeit befruchten, neue fachliche Anstöße liefern und für Mitarbeiter/innen, Eltern und Kinder so reizvoll wie motivierend sind.

Von Anfang an war uns bewusst, dass unterschiedliche pädagogische Traditionen die Arbeit in Corby und unsere Arbeit prägen, denen wir im Projektverlauf genauer nachgehen müssen. Nicht alles ist ohne weiteres auf deutsche Verhältnisse übertragbar.

Während der gesamten Projektzeit überprüfen wir das Konzept immer wieder, überarbeiten es und entwickeln es weiter. Darüber wollen wir in einen Dialog mit dem Centre in Corby treten, um uns darüber auszutauschen, wie die Entwicklungen in den jeweiligen Centres laufen, von welchen Bedingungen Erfolge abhängen und welche länderspezifischen Aspekte dabei eine Rolle spielen.

Vor dem Hintergrund der unterschiedlichen Erziehungs-und Bildungssysteme in Großbritannien und Deutschland wird es unter anderem auch um folgende Fragen gehen: Welche Relevanz haben individuelle Lernprozesse und welche Bedeutung erhält das Lernen in Gruppen? Welche Erfahrungen gibt es mit Evaluationen und Dokumentationen? Welche Bedeutung haben sie in den jeweiligen Ländern? Ist die intensive Beobachtung von Kindern in der Familie auf deutsche Verhältnisse sinnvoll übertragbar? Welche Kooperationsmöglichkeiten mit Eltern können zu diesem Zweck entwickelt werden?

Im Kontext von Diskussionen und Präsentationen werden Mitarbeiter/innen und Kolleg/innen in die Projektentwicklung einbezogen. Dadurch erhalten wir Rückmeldungen und Anregungen und können sie für die künftige Zusammenarbeit motivieren. Diese Vorarbeiten bereiten den Boden für die Projektarbeit und tragen zur Klärung der Rahmenbedingungen bei. Darüber hinaus ist der Aufbau des Modellprojekts mit einer Personalentwicklung verbunden, die interessierten Mitarbeiter/innen auf dem Wege einer internen Ausschreibung die Chance zur Mitwirkung eröffnet.

Das Pen Green Centre in Corby, U.K., und der Aufbau eines ersten Early Excellence Centres in Berlin

Jutta Burdorf-Schulz, Renate Müller

Teil 1: Vorstellung des englischen Modells

1. Das Early Excellence Centre-Programm in England
2. Pädagogische Arbeitsweise des Pen Green Centres
3. Angebotsstruktur und Gruppen im Pen Green Centre

Teil 2: Entwicklung des Projekts: Kinder- und Familienzentrum – Schillerstraße

4. Projektentstehung / Zielsetzung
5. Fortbildung 2001 des neuen Teams
6. Veränderungen der Kita-Arbeit
7. Aufbau eines Familienzentrums

Im Folgenden stellen wir zunächst das englische Modell der Early Excellence Centres sowie das Pen Green Centre in Corby vor und schildern anschließend die ersten Schritte zur Umsetzung des Modells in Berlin.

Teil 1
Vorstellung des englischen Modells

1. Das „Early Excellence Centre – Programm" in England

Arbeitsweise der Einrichtungen

1997 wurde das „Early Excellence Centre Programm" von der englischen Regierung ins Leben gerufen. Im Dezember 1999 nahmen 29 ausgewählte Zentren ihre Arbeit auf.

Die „Early Excellence Centres" verknüpfen eine veränderte Elternarbeit, neue Formen der Bildung von Eltern und Angebote der Unterstützung und Entlastung von Familien mit einer gezielten Förderung der Kinder.

Ein Grundgedanke ist, Kindertagesstätten zu Orten zu gestalten, die für alle Familien offen sind und besonders geeignet sind für Angebote der Elternarbeit und der Elternbildung.

Einen weiteren Ausgangspunkt bildet die Überzeugung, dass die Eltern die wichtigsten Menschen im Leben ihrer Kinder und ihre ersten Erzieher sind. Es sind die Eltern, von denen die Kinder in ihren ersten Lebensjahren am meisten lernen. Je enger die Bezüge von Eltern und Erzieherin sind, umso effektiver kann das Lernen der Kinder sein.

Dementsprechend gilt es, Elternbildung und die Bildung und Erziehung von Kindern miteinander zu verbinden und unter „einem Dach" zu vereinen.

Die „Early Excellence Centres" sind eingebettet in die Aktionsprogramme der Regierung zum Ausbau des Systems frühkindlicher Bildung (u.a. das „Sure Start" Programm).

Die Programmziele bezogen auf die EEC richten sich auf die Qualität und den Umfang des Angebotes, die Beteiligung der Eltern, die Struktur und die Qualifikation des pädagogischen Personals.

Die **Programmziele für die EEC's** im Einzelnen sind:
- Einbeziehung der Eltern in die Bildungsprozesse der Kinder,
- Beratungs-, Unterstützungs- und Informationsangebote für Eltern,
- spezielle Angebote für Kinder in schwierigen Lebenssituationen und behinderte Kinder,
- Erwachsenenbildungsangebote, arbeitsmarktbezogene Fortbildung,
- Integrationsangebote für Familien in isolierten Lebensbedingungen und für Migrationsfamilien,
- Ausweitung der Versorgungszeiten,
- Beiträge zur Verbesserung der Qualität der Erziehung und Betreuung von Kleinkindern durch Qualifizierung und Fortbildung der Mitarbeiter/innen,
- Fortbildung für ehrenamtlich Tätige,
- Kooperation mit Institutionen vor und nach dem Kindergarten, um eine Kontinuität im Beziehungsprozess zu ermögliche
- Evaluation der Effektivität der Zentren und Mitarbeit an der Verbreitung der Idee.

Übergreifendes Anliegen der englischen Regierung ist der Aufbau eines Netzwerks von Centres, die gleichsam als Katalysatoren für eine Weiterentwicklung und Innovation in diesem Bereich wirken und dabei auf ihre Region und ihr Umfeld ausstrahlen. Sie sollen deshalb Fort- und Weiterbildung anbieten, um auf diese Weise zur Weiterverbreitung der Idee und ihrer Erfahrungen beitragen zu können. Die Centres werden auf nationaler Ebene wissenschaftlich begleitet. Jedes Centre erhält darüber hinaus eine externe Evaluation und ist zu einer ständigen Selbstevaluation verpflichtet.

Nachfolgend wird die pädagogische Arbeitsweise des Pen Green Centres in Corby dargestellt, das eines der ersten EEC war und für das PFH als Kooperationspartner gewonnen werden konnte.

2. Die pädagogische Arbeitsweise des Pen Green Centres

Der Kernbereich des Pen Green Centres ist die Nursery, in der ca. 35-40 Kinder im Alter von 2-5 Jahren betreut werden.
Im Gegensatz zu unserem Schulsystem beginnt die Infant-School in England mit 5 Jahren.
Pädagogische Grundorientierung ist, dass das Kind aus sich selbst heraus lernen will.
Ziel der gesamten pädagogischen Arbeit in Corby ist es, ein differenziertes und vielseitiges Lernen zu ermöglichen und somit den kindlichen Lern- und Forschungsdrang zu unterstützen.
Entsprechend gestaltete Räume und vielfältige Materialien sollen die Eigenpotenziale beim Kind wecken und zum selbstgesteuerten Handeln und Experimentieren anregen.

Aufgabe der **Family Worker** (Bezeichnung der päd. Mitarbeiter/innen) ist es, den Kindern eine reiche, anregende und herausfordernde Kindergarten-Umgebung zu errichten.
Die Kinder können stets wählen:
- was und womit sie spielen wollen,
- mit wem sie spielen wollen,
- wie lange sie selbst bei einem Spiel bleiben wollen,
- wo sie spielen wollen, z.B. drinnen oder draußen.

Dabei nimmt das **„freie Spiel"** (für uns übersetzt: das selbstständig aktive Tätigsein des Kindes) einen zentralen Platz ein.
Es wird davon ausgegangen, dass Kinder sich bei einer engagierten, ausgeglichenen Tätigkeit bis an die Grenzen ihrer Möglichkeiten bewegen und sich dadurch weiter entwickeln.
Der gesamte Spielbereich ist ein großer Raum, der in sogenannte „Areas" (Spielzonen) unterteilt ist.
Diese ermöglichen einen offenen Einblick und somit offenen Zugang für alle Kinder.
Es gibt folgende „Areas":
- Wasser-Matsch-Bereich,
- Werk-Experimentierbereich,
- Puppeneckenbereich,
- Bau- und Konstruktionsbereich,
- Kinder-Café zum Verzehr von Obst und Snacks
- eine räumlich abgetrennte Nische als Verkleidungsecke,
- eine sogenannte „home-corner" mit Wohnzimmer, Küche, Schlafzimmer in kindgemäßer Größe,
- offene Regale, gut sortiert mit verschiedensten Materialien.

Das Kind kann zugreifen und begreifen, es kann alles das tun, was oft von Erwachsenen als nutzlos und lästig empfunden wird, z. B. Fallen lassen von Gegenständen, Türen öffnen und schließen, Einwickeln usw. Dabei werden auch viele Anregungen aus der Reggio-Pädagogik aufgegriffen. Es gibt viele Möglichkeiten für eigenständige und forschende Betätigungen:

- Eine besondere Wasserlandschaft in einem überdachten Außenbereich bietet viele Gelegenheiten, Wasser zu stauen, überlaufen zu lassen, zu kosten und zu fühlen.
- Mit Sand kann ein Transportsystem ausprobiert werden.
- Staffeleien, Pinsel und Farben stehen ständig zur Verfügung und sind jederzeit eigenständig zu nutzen. Tesafilm in Mengen ermöglicht, alles einzuwickeln.
- Für die Kinder ebenso offen und jederzeit zugänglich stehen zwei Computer zur Verfügung.

Dies sind Voraussetzungen, die bildungsbedeutsam für jedes einzelne Kind sind. Im Pen Green Centre in Corby haben Kinder die Chance, jeden Tag selbstbestimmt zu lernen.

Family Worker-System

Erzieher/innen werden im Pen Green Centre als Family Worker bezeichnet und sind nicht nur für die Kinder, sondern für die ganze Familie zuständig.

Jeder Family Worker betreut 8-10 Kinder und deren Familien.

Die Öffnungszeiten der Nursery sind von ca. 8.15 bis 16 Uhr. Die Dienstzeit der Family Worker endet um 17 Uhr. Die Zeit von 16-17 Uhr dient der Vorbereitung für den nächsten Tag: Aufräumen, Austauschzeit über gemachte Beobachtungen, Vorbereitung von Aktivitäten, Dokumentationen etc.

In der pädagogischen Arbeit geht es vor allem darum, eine beobachtende, die Kinder begleitende, unterstützende sowie anregende Haltung einzunehmen, in ihrer Nähe zu sein, mit ihnen zu spielen und ihre Fragen zu beantworten.

Dem Kind soll gegeben werden, was es braucht und wissen möchte, um somit seine Lernmöglichkeiten zu bereichern und seine Lernchancen zu steigern.

Es ist die Aufgabe jedes Family Workers, Bedürfnisse und Interessen des Kindes aufzunehmen und dafür zu sorgen, dass kindliches Wohlbefinden beschützt, bewahrt und ernst genommen wird.

Story Time

Die Kinder und ihre Family Worker treffen sich zwei mal täglich: vor dem Mittagessen und am Nachmittag für je eine halbe Stunde, alle Gruppen zur gleichen Zeit in den Areas der Family Worker. In dieser halben Stunde werden Geschichten erzählt, Lieder gesungen, Konflikte besprochen, Erlebnisse ausgetauscht.

Beobachtungen der Kinder

Die genaue Beobachtung der Kinder ist die Grundlage für die Förderung ihrer Bildungsprozesse. Diese werden dokumentarisch festgehalten und sind gleichzeitig die Basis für die Arbeit mit den Eltern. Jeden Tag werden 2 Kinder beobachtet, und zwar von allen Mitarbeiter/innen. Diese Notizen werden von den Family Worker notiert und gebündelt und am Ende des Tages ausgetauscht.

Die einmal wöchentlich stattfindende Besprechungszeit dient zur gemeinsamen Reflexion des Entwicklungsstandes des Kindes und zur Entwicklung von Fördermaßnahmen im Sinne von Entwicklungsanreizen und speziellen Angeboten.

Aufgabe aller Beteiligten ist es, anhand der gemachten und festgehaltenen Beobachtungen, herauszufinden:

- Wo steht das Kind?
- Welche besondere Aufmerksamkeit benötigt es?
- Welche Ziele können für die weitere pädagogische Arbeit mit dem Kind abgeleitet werden?
- Welche möglichen Handlungsansätze ergeben sich daraus?

Die Ausgangsfrage jeglicher Reflexion ist:

Können wir aus der Beobachtung eine aktuelle Aktivität ableiten, so dass wir Anregungen zur Weiterentwicklung anbieten können?

Ziel des prozessorientierten Beobachtens ist vor allem: Das Kind „im Blick" zu haben! Diese, in Beobachtungsraster eingetragene Aktivitäten und Lernprozesse der Kinder werden ausgehängt, in Ordnern gesammelt und sind jederzeit für die Eltern einsehbar.

Anhand dieser werden in der Nursery mögliche richtungsweisende Zuordnungskarten für einzelne Kinder gezeichnet, um somit deren Schema zu unterstützen und zu erweitern.

Schemata / Verhaltensmuster

Schemata werden als Verhaltensmuster bezeichnet, die Kinder über eine gewisse Zeit hinweg ausführen (z. B. Dinge einpacken, einwickeln, verknüpfen, transportieren).

Kinder sind besonders vertieft, wenn sie in eine selbstinitiierte Handlung oder ein Spiel eingebunden sind. Diese Verhaltensmuster nutzen Kinder, um mehr oder weniger systematisch Erfahrungen zu sammeln, zu verarbeiten und zu koordinieren.

Das Pen Green Centre hat bisher 36 Schemas herausgearbeitet und dokumentiert: Rotation, Linien, Einwickeln, Transportieren etc.

Hierbei beachten die Family Worker in ihren Beobachtungen außerdem Prozesse, in denen das Kind besonders engagiert ist und sich besonders wohl fühlt.

Der Eigenanteil des Kindes, verstanden als Involvement und Well Being im Sinne von Selbst-Bildungsprozessen ermöglicht es so festzuhalten, welche Kinder von welchen Aktivitäten besonders angetan sind und welche oft bzw. welche selten vertieft mit Dingen beschäftigt sind.

Die Schemata und die weiterführenden Beobachtungen dienen im Pen Green Centre u.a. als Ansatz, um mit Eltern über die kindlichen Lernprozesse ins Gespräch zu kommen.

Zusammenarbeit mit den Eltern

„Eltern sind die Experten ihrer Kinder" und „starke Kinder brauchen starke Eltern" sind zwei wesentliche Leitsätze des Centres.

Es geht um eine intensive Zusammenarbeit zwischen Pädagogen und Eltern, um einen gleichberechtigten, aktiven und respektvollen Dialog zwischen Eltern als den wichtigsten Erziehern ihrer Kinder und den Family Worker zu führen.

Der Blick ist immer auf die kindlichen Lernprozesse gerichtet.

Wenn die Family Worker die Eltern danach fragen, was ihnen an ihrem Kind zu Hause auffällt, womit sich das Kind beschäftigt, dann werden die Eltern als Experten für Bildungsprozesse ihrer Kinder einbezogen und ernst genommen.

Im Pen Green Centre dokumentieren die Eltern ebenso wie die Family Worker die von ihnen beobachteten Verhaltensmuster ihrer Kinder mit Fotoapparat und Videos, machen Tagebuchaufzeichnungen und stellen diese auch in Elterngruppen vor. Die Zeit für z.B. Entwicklungsgespräche, das Herstellen von Entwicklungsbüchern, das Organisieren und Leiten von Elterngruppen sowie Hausbesuche sind Teil der regulären Arbeitszeit der Family Worker.

Evaluation und Dokumentation

Das Pen Green Centre verfügt über einen eigenen Forschungsbereich (Research Centre), das den Prozess der Arbeit regelmäßig evaluiert und dokumentiert. Es werden dort auch eigene Eltern-Kind-Aktivitäten durchgeführt und wissenschaftlich ausgewertet. Kontakte und Kooperationen innerhalb und außerhalb Englands ermöglichen einen regen Austausch und die Weitergabe von Erkenntnissen. Dies bedeutet für die Praxis ständige Qualifizierung und Weiterentwicklung.

3. Angebotsstruktur und Gruppenaktivitäten im Pen Green Centre

Anknüpfend und aufbauend auf der pädagogischen Arbeit der Nursery gibt es das Angebot der **„Parent's Involvement in Their Children's Learning - Groups"**, in denen die Family Worker und Eltern gemeinsam die aktuellen Entwicklungen der Kinder austauschen und über Unterstützung und weitere Förderung nachdenken. Reflexion über eigene Lebensumstände und eigenes Rollenverständnis sind ebenfalls kein Tabu.

Ein weiterer Ausgangspunkt der integrativen Familienarbeit ist der zentral gelegenen **Family Room**, der für die Eltern während der Öffnungszeiten der Nursery zur Verfügung steht.

Ausgestattet ist der Raum mit bequemen Möbeln, einer kleinen Küche und Spielzeug für die jüngeren Kinder.

Die Besucher des Family Room werden von einer Mitarbeiterin betreut, die auch offene Beschäftigungsangebote anbietet. Es besteht z.B. die Möglichkeit gemeinsam zu backen, zu basteln oder an einem Einführungskurs im Nähen teilzunehmen. Die „niederschwelligen Angebote" hier sind für viele die Einstiegsmöglichkeit, sich damit auseinander zu setzen, was sie für sich brauchen, welche Bedürfnisse sie haben und an welchen Angeboten des Centres sie teilnehmen möchten.

Im Laufe der Jahre hat sich darüber hinaus ein vielseitiges Programm **für Famili-en, Eltern-Kind-Gruppen und Angebote für Erwachsene** entwickelt. Die Angebote finden in der Regel wöchentlich in Gruppenräumen des Centres statt und werden von einer fachlich ausgebildeten Mitarbeiterin und Helfer/innen betreut.
Einige weitere Beispiele:
Angebote für Familien mit Babies und Kindern von 0–3 Jahren:
„Baby Massage Groups" für Eltern mit Babies (0–10 Monate),
„Early Days Groups" für Eltern mit Kindern von 0–1 Jahr,
„First-Step-Groups" für Eltern mit Kindern von 1–2 Jahren,
„Messy-Play Groups": Matsch- und Kreativgruppen für Eltern mit Kindern von 2–3 Jahren,

Neben den unterschiedlichen Angeboten für die Babies und Kleinkinder steht generell auch die Begegnung und der Austausch der Eltern bzw. Mütter in gemüt-licher, entspannender Atmosphäre im Vordergrund.

Allen Eltern wird das Angebot gemacht, außerdem Einzelberatung in Gesundheits- oder Sozialfragen in Anspruch zu nehmen.

Selbsthilfegruppen
Bei dieser Angebotsgruppe steht die Stärkung der Eltern im Vordergrund und der Ansatz „Hilfe zur Selbsthilfe". Die Gruppen werden zwar von einer Fachkraft begleitet, im Vordergrund steht jedoch, dass die Betroffenen selbst über Probleme und Schwierigkeiten sprechen und sich gegenseitig unterstützen und helfen.
Einige Beispiele
„Great Expectations Group": Gesprächskreise für werdende Mütter und Väter,
„Choices": Selbsterfahrungsgruppe „Sexueller Missbrauch",
„Women's self awareness Group": Wie sehe ich mich selbst? Was hat mich geprägt und welches Selbstverständnis habe ich?

Außerdem gibt es eine Vielzahl von **Fort-und Weiterbildungsangeboten für Eltern und Erwachsene,** die sich an den Bedürfnissen der Betroffenen orientieren und die Chancen auf Beschäftigung und Erwerbsmöglichkeiten verbessern helfen:
- Alphabetisierungskurse,
- Computerkurse,
- Berufliche Ausbildungsangebote im Bereich „Child Care".

Die meisten Angebote sind kostenlos oder können gegen einen geringen Beitrag wahrgenommen werden. Es besteht fast immer die Möglichkeit, die Kinder, die nicht bereits in der Nursery betreut werden, für einige Stunden in einem dafür speziell eingerichteten Bereich (Creche Centre) betreuen zu lassen, damit eine ungestörte ruhige Arbeitsatmosphäre gewährleistet ist.
Diese Betreuung wird von Frauen geleistet, die im Rahmen der Fortbildungsange-bote vom Pen Green Centre dafür ausgebildet wurden.

Die weiteren Qualifizierungsangebote im Bereich „Child Care" sind auch für diese Helfer/innen offen und viele dieser Frauen, die oft über keine vorherige Ausbildung verfügen, erhalten dadurch berufliche Einstiegs- und Erwerbsmöglichkeiten.

Gerade auch am letzten Beispiel wird noch einmal sichtbar, dass alle Angebote und Arbeitsweisen ineinander greifen und aufeinander aufbauen. Dies erfordert eine sehr flexible, kommunikative Leitung der Organisation und Logistik. Im Pen Green Centre ist im Ganzen die Atmosphäre und das Miteinander sehr stimmig, ansteckend positiv und wird von allen Beteiligten sehr engagiert durchgeführt.

Neben der pädagogischen Arbeitsweise und dem Konzept der integrativen Familienarbeit ist es unser Bestreben, diesen „positiven Geist" und die engen Vernetzungsstrukturen im Modellprojekt „Kinder-und Familienzentrum – Schillerstraße" ebenfalls sichtbar und spürbar zu machen.

TEIL 2

Entwicklung des Projektes
Kinder- und Familienzentrum – Schillerstraße

4. Entstehung des Projekts: Kinder- und Familienzentrum Schillerstraße

Bei der Entstehung des Projekts spielte die Heinz und Heide Dürr-Stiftung eine entscheidende Rolle:
Im Rahmen ihrer beratenden Aufgabe für die Dürr Stiftung, die kulturelle und auch soziale Projekte finanziell fördert, erhielt die Psychologin Frau Annette Lepenies den Auftrag, den wissenschaftlichen Stand der Kleinkindpädagogik zu ermitteln und ein entsprechend innovatives, unterstützenswertes Projekt zu identifizieren. Im Austausch mit anderen Institutionen und Kontakten zu Experten in diesem Bereich stieß sie auf das Pen Green Centre in Corby, eines der ersten Early Excellence Centres in England: fortschrittliche Kleinkindpädagogik in Verbindung mit integrativer Elternarbeit und Bildungsarbeit.
Zum anderen wurde sie auch auf das Pestalozzi-Fröbel-Haus aufmerksam mit seiner Einmaligkeit im Verbund von Theorie und Praxis und dem Ansatz, integrative Familienarbeit auszuweiten.
Anfang 2000 gab es erste Kontakte zur Direktorin des PFH und schließlich der Leiterin der Abteilung Kinder- und Jugendhilfe und der Fachberaterin der Praxiseinrichtungen. Im Mai 2000 reiste dieser Personenkreis dann selbst nach Corby, um einen Eindruck zu gewinnen. Der Besuch überzeugte und führte zur Erstellung einer Konzeption für den Aufbau eines Zentrums in Berlin nach dem Vorbild und in Kooperation mit dem Pen Green Centre (siehe Gerhold u.a. in diesem Band).

Leitziele bei der Übertragung Pen Green-Konzepts in das Kinder- und Familienzentrum sind:
- die Verbesserung der Bildungs- und Betreuungsqualität für Kinder,
- die Entwicklung neuer Formen der Zusammenarbeit mit Eltern,
- der Aufbau einer integrativen Familienarbeit und eines Familiennetzwerkes,
- die Qualifizierung von Fachkräften für diese Arbeit.

Im Juni 2000 wurde die Entscheidung getroffen, für das Modellprojekt die PFH-Kita Schillerstraße auszuwählen.
Gründe dafür waren u.a.:
- der Wunsch des PFH, im Stadtteil Charlottenburg ein familienorientiertes Angebot aufzubauen,
- die von der Platzzahl her richtige Größe der Einrichtung, die eine Reduzierung der Kinderzahl sinnvoll erscheinen ließ,
- bauliche und rechtliche Voraussetzungen, so waren z.B. zwei Eingangstüren vorhanden.

In einem nächsten Schritt wurde entschieden, die Stellen für dieses Projekt für alle Erzieher/innen im PFH neu auszuschreiben, so dass alle Kolleg/innen die Möglichkeit hatten, sich zu bewerben. Die Überlegungen dazu waren, dass der neue Ansatz mit einem neu zusammengesetzten Team leichter umgesetzt werden kann und jede/r Mitarbeiter/in eine bewusste Entscheidung für das Projekt getroffen haben sollte.
Kriterien für das **Auswahlverfahren** waren:
- Offenheit und Interesse an neuen Konzepten,
- Bereitschaft, sich auf neue und noch völlig unbekannte Arbeitsweisen einzulassen,
- Verpflichtung, an Fortbildungen teilzunehmen,
- Verpflichtung zur Supervision,
- Englische Sprachkenntnisse.

Die Dürr-Stiftung teilte am 11.11.2000 dann die positive Entscheidung mit, dass das Projekt zunächst auf drei Jahre gefördert wird.
Es wurde dann im PFH die Entscheidung getroffen, wer im neuen Team seinen Platz findet, einhergehend mit der Errechnung des Personalschlüssels für die gesamte Einrichtung.
Das neue Team setzt sich überwiegend aus „alten" Mitarbeiter/innen, die bereits in der Kita Schillerstraße tätig waren und 3 „neuen" Kolleginnen zusammen. Stellenplanmäßig umfasst dieser Bereich 12,75 pädagogische Mitarbeiterinnen.
Außerdem wurde im November 2000 die Projektkoordinatorin eingestellt.

Die Bewilligung der Finanzierung war der offizielle Startschuss:
- für die Fortbildung und Vorbereitung der Kolleginnen (siehe Teil 5: Entwicklung eines Fortbildungskonzepts),

- für die Einbeziehung der Eltern (siehe Teil 7: Aufbau eines Familienzentrums),
- und Planungen, Veränderungen der Strukturen und Umbau der Einrichtung.

Die umfunktionierte Nutzung musste außerdem rechtlich von den zuständigen Stellen genehmigt werden und erforderte kostenintensive Umbaumaßnahmen, die in der Sommerschließungszeit der Einrichtung durchgeführt wurden.
Es wurde außerdem bereits in der Startphase mit der Evaluierung begonnen. Dafür konnten zwei kompetente wissenschaftliche Fachkräfte gewonnen werden, die den Entwicklungsprozess begleiten.

Bereits im Mai 2000 konstituierte sich ein wissenschaftlicher Beirat unter dem Vorsitz von Frau Annette Lepenies.

5. Entwicklung eines Fortbildungskonzepts

Die Fragestellung, welche Fortbildungsinhalte in welcher Reihenfolge und mit welchen Mitteln notwendig sind, nimmt eine zentrale Schlüsselfunktion in der Umsetzung des Projekts ein. Die Implementierung der pädagogischen Eckpfeiler der Arbeit des Pen Green Centres in das Kinder- und Familienzentrum wurde von der Fachberaterin des PFH fachlich unterstützt und begleitet. Hierfür wurde von ihr ein Fortbildungskonzept mit entsprechenden Inhalten und Schrittfolgen in Absprache mit dem Team entwickelt. Für bestimmte Fortbildungsinhalte (wie Teamprozesse, Zuordnung der Kinder zum Family Worker und Bildungsprozesse der Kinder) wurden externe Dozent/innen beauftragt.
Generell kann bereits eine Grundvoraussetzung benannt werden:
Erzieher/innen brauchen Zeit und Unterstützung, um sich mit den neuen Inhalten vertraut zu machen und um mit guter Motivation die Kompetenz zur Umsetzung in die Praxis zu entwickeln.

Im Vorbereitungshalbjahr (1.1.2001–13.07.2001) wurden insgesamt 15 Fortbildungstage durchgeführt. Um Eltern und Kinder nicht zu sehr zu belasten, wurden 3 Tage zu Beginn des Jahres und weitere 9 Tage im Anschluss an die Sommerschließungszeit gelegt. Außerdem fanden an 3 Samstagen Fortbildungstage statt. Dieser zeitliche Rahmen ist in Zukunft nicht möglich. Ab 2002 werden in jedem Jahr 6 Fortbildungstage stattfinden.

Inhalte der Fortbildung 2001:
Kennenlernen und Auseinandersetzung mit dem Konzept und der Arbeitsweise des Pen Green Centres (Schwerpunkt des 1. Blocks im Januar 2001)
Zunächst wurden alle Erzieher/innen des neu ausgewählten Teams mit dem bestehenden Konzept des Pen Green Centre vertraut gemacht. Hierfür war der Reisebericht der Projektleiter/innen, die im November 2000 in Corby waren, sehr gut einsetzbar.
Außerdem wurden in diesem Fortbildungsblock folgende Fragen bearbeitet:

- Was finden wir an dieser Form der Arbeit spannend und anregend?
- Wo unterscheidet sich die Arbeit, was ist anders, welche Unsicherheiten gibt es?
- Wo brauchen wir Fachwissen und Unterstützung, um diese Form der Arbeit umsetzen zu können?
- Welche Stärken können wir selber einbringen?

Festlegung der Rahmenbedingungen, Teambildungsprozesse und Zuordnung der Kinder (2. Fortbildungsblock)

Verteilt auf die Monate März–Mai 2001 fand der 2. Fortbildungsblock an drei Samstagen statt.

Gemeinsam mit allen zukünftigen Mitarbeiter/innen wurde die Zusammensetzung von drei Teams innerhalb der Einrichtung erarbeitet und festgelegt. Diese Aufgabe, die persönliche und gruppendynamische Prozesse auslöste, konnte mit Unterstützung einer externen Dozentin endgültig am dritten Samstag abgeschlossen werden.

Ein ähnlich intensiver mit der Teambildung gekoppelter Vorgang war die Zuordnung der Kinder. In Berlin ist eine Erzieherin im Durchschnitt für 15 Kinder zuständig. Damit die Familienarbeit analog zu Pen Green möglich werden kann, sollen auch unsere Erzieher/innen für nicht mehr als 10 Familien und deren Kinder zuständig sein.

Die Einteilung der Kinder musste ganz neu durchdacht und geplant werden, wobei wir in Änderung zum früheren System die Halbtagserzieher/innen ebenfalls verstärkt in die Verantwortung einbezogen haben. Sie sind in der Regel für 4–5 Familien zuständig. Damit in der Elternarbeit und in der Arbeit mit den Kindern eine zeitliche Kontinuität und Verfügbarkeit gewährleistet ist, wurden sogenannte Patenschaften zwischen Ganztags- und Halbtagskräften entwickelt.

In diesem Prozess mussten Erzieher/innen sich von Kindern / Familien trennen und sie an Kolleg/innen übergeben. Dies war ein Abschiedsprozess, der intensiv begleitet und bearbeitet werden musste.

Raumgestaltung, Beobachtung, Tagesablauf (3. Fortbildungsblock)

(Zusammenhängend an neun Tagen vor der Öffnung des Kita-Bereichs.)

Im Mittelpunkt dieses Blocks stand die konkrete Vorbereitung auf die veränderte Kita-Arbeit.

Der Tagesablauf wurde aufgrund der veränderten Struktur neu entwickelt.

Sehr intensiv wurde eine veränderte Raumgestaltung theoretisch und dann in der praktischen Umsetzung vorbereitet und durchgeführt. Dabei bildeten Inhalte der Reggio-Pädagogik den Hintergrund. Die übergeordnete Grundidee, die verwirklicht werden soll, ist, **Kindern die Chance zu geben, kleine Forscher zu sein**.

Die Raumgestaltung soll anregend, auffordernd übersichtlich und gemütlich sein. Fragen, die sich daraus in der Fortbildung entwickelten und bearbeitet werden mussten, waren:

- Wie muss das Raum- und Materialangebot sein?
- Wie wird nach der Planung die praktische Umgestaltung durchgeführt?

Zur Zielsetzung des Projekts gehört es auch, Kinder gezielt in ihren Aktivitäten und sozialen Beziehungen zu beobachten und eine im Team vereinbarte gemeinsame Planung für die Förderung und Unterstützung der Kinder daraus zu entwickeln.

Für diese Inhalte wurde im 3. Fortbildungsblock das Thema **„Beobachtungen"** bearbeitet.

Es wurde ein Beobachtungsbogen entwickelt, in den die Beobachtungen eingetragen werden. Dies wird jetzt in der Praxis erprobt.

Da dieser Bereich sehr komplex ist, wird er uns noch lange in der zukünftigen Arbeit beschäftigen und Inhalt weiterer Fortbildungen sein.

Ein weiterer wichtiger Themenkomplex ist die Erarbeitung von veränderter und intensivierter Elternarbeit.

Parallel wurde im Jahr 2001 mit einem **Austauschprogramm zwischen dem Pen Green Centre und dem Kinder- und Familienzentrum – Schillerstraße** begonnen.

In den folgenden Jahren werden alle Erzieher/innen Gelegenheit erhalten, die Arbeitsweise dort vor Ort kennen zu lernen. Konkret besuchten im Jahr 2001 vier Erzieherinnen das Pen Green Centre. Im Gegenzug findet außerdem einmal jährlich ein Besuch von Mitarbeiter/innen aus Corby statt. Neben Hospitationen in der Einrichtung werden während dieser Besuche auch Training und praktische Unterstützung stattfinden.

Dieses Austauschprogramm wird durch die finanzielle Unterstützung der Heinz und Heide Dürr-Stiftung möglich.

Die Chance, die Arbeit vor Ort kennen zu lernen, eröffnet die Möglichkeit, selbst neue Eindrücke in die Arbeit in Berlin einfließen zu lassen.

6. Veränderung der Kita-Arbeit

In den drei verschiedenen Fortbildungsblöcken mit dem neuen Team wurden bereits einige Veränderungen, die nach der Öffnung im August 2001 in die Praxis der Kita-Arbeit aufgenommen und umgesetzt werden, vorbereitet bzw. angedacht (z. B. Grundprinzipien der pädagogischen Arbeit, Gestaltung des Tagesablaufes, Raumgestaltung, Grundlagen der Beobachtung, Teamzusammensetzung, Verteilung der Kinder).

Mit der neuen Zuordnung der Kinder und Familien und der Neuzusammensetzung der Teams wurde auch der Auflösungsprozess der bisherigen Gruppen eingeleitet und die Arbeit in drei verschiedenen Abteilungen installiert.

In den drei Abteilungen (Kinderzahl je nach Größe der Bereiche zwischen 24 und 44 Kindern) gibt es nach der Umräumaktion während des 3. Fortbildungsblocks nun überwiegend Funktionsräume, in denen entsprechendes Material für die Kinder zur Verfügung steht. Kinder finden z.B. eine Forschungsecke, einen Kreativbereich mit entsprechendem Material, einen Bauraum, einen Ruhe-und Kuschelraum, eine Schreibecke mit einem Computer und einen Essraum.

Erste Beobachtungen zeigen, dass dies sehr positiv von den Kindern aufgenommen wird. Spiele und Beschäftigungen sind intensiver, Freundschaften und gemeinsame Spiele können individueller gestaltet werden.

Der veränderte Tagesablauf und die neu eingeführte offene Arbeit führten zunächst zu einigen Irritationen und Verunsicherungen bei den Eltern. Dies wurde intensiv auf Elternabenden behandelt und inzwischen ist beim Großteil der Eltern mehr Akzeptanz und Unterstützung zu erkennen.

Der Prozess der Umsetzung von Veränderungen führte auch zu einer gesteigerten Belastung der Mitarbeiterinnen und es ist notwendig, zunächst einmal Zeit und Ruhe zu geben, um mit den neuen Veränderungen vertraut zu werden, sie adäquat an die Eltern zu vermitteln, Detailfragen zu klären, im Team zusammenzuwachsen und generell die erarbeiteten Veränderungen in die Praxis umzusetzen.

7. Aufbau eines Familienzentrum

Inhaltlich wurde der Aufbau durch Info-Veranstaltungen für die Eltern und in regelmäßigen **„Offenen Elternkreisen"** (monatlich) vorbereitet.

Es wurde außerdem versucht, mittels eines Fragebogens eine Meinungsumfrage, was Eltern wollen und sich wünschen, durchzuführen. Auch in vielen Einzelgesprächen wurden Anregungen und Wünsche gesammelt.

Ergebnisse, Wünsche und Ideen wurden in die Raum- und später auch in die Programmgestaltung aufgenommen.

Analog zur Arbeitsweise des Pen Green Centres bestand von Beginn des Projekts an der Plan, dass extra Räume für die Familienarbeit eingerichtet werden sollen.

Da es in der Kita keine leer stehenden Räume gab, wurde im Jahr 2000 darauf hin gearbeitet, Räume dafür frei zu bekommen.

Grundsätzlich wurde bei der Auswahl der Räume geachtet auf:
1. Zentrale Lage innerhalb der Einrichtung,
2. Separate Eingangsmöglichkeiten,
3. Separate Nutzungsmöglichkeit,
4. Multifunktionale Nutzungsmöglichkeiten.

Es wurden im letzten Kita-Jahr nach Abmeldungen Plätze nicht mehr nachbesetzt und so die Kinderzahl von 136 auf 110 Kinder reduziert.

Dadurch wurden zwei ehemalige Gruppenräume frei (insgesamt ca. 50 qm), die dann umgestaltet wurden zu einem Seminar- und einem Bewegungsraum.

Ein **Offener Eltern-Treff** wurde im ehemaligen Wagenraum eingerichtet. Ein kleine Sitzecke ermöglicht Kontakte zwischen den Eltern untereinander und mit den Mitarbeiter/innen. Außerdem kann der Einzelne hier eine kurze Ruhepause einlegen, anhand von ausgehängten und ausgelegten Materialien sich über Veranstaltungen im Haus und weitergehend informieren. Eine kleine Küchenzeile bietet die Möglichkeit, sich selbst einen Kaffee oder Tee zu kochen. Bereits bewährt hat sich dieses Angebot in der Eingewöhnungsphase für wartende Mütter und Väter. Der Besprechungsraum, der durch eine große Glastür mit dem Eltern-Treff verbunden ist, ist als Veranstaltungs- und Seminarraum nutzbar.

Hier werden unterschiedliche Gruppenangebote und Gesprächskreise für Familien und Erwachsene durchgeführt. Gleichzeitig dient der Raum auch als Mitarbeiterbesprechungsraum und Raum für Elterngespräche.

Abends und an Wochenenden kann der Raum von kleinen Gruppen oder Vereinen aus der Nachbarschaft als Tagungsraum angemietet werden oder für Feste genutzt werden.

Der zweite Raum ist der sogenannte Bewegungsraum. Ausgestattet mit einem strapazierfähigen Teppich und Turnmatten sind hier Angebote aus dem Bereich Musik, Tanz und Bewegung möglich. Auch die PEKIP-Babygruppe und die (geplante) Krabbelgruppe finden hier statt. Die einzelnen Abteilungen der Kita nutzen diesen Raum ebenfalls für Angebote in diesem Bereich und in der sogenannten Story Time. Außerdem findet die Ruhe- und Schlafzeit einer Abteilung in diesem Raum statt.

Durch einen separaten Eingang und den Umbau dieser Räume (incl. Toilette, Waschraum und Küche) besteht darüber hinaus die Möglichkeit, diesen Bereich an Wochenenden für Feste und Feiern (z.B. Kindergeburtstage) zu nutzen.

Die Nutzung des weiträumigen und attraktiven Außengeländes ist dann ebenfalls möglich. Das Zentrum ist so ausgestattet, dass der Besuch auch für Rollstuhlfahrer möglich ist.

Literatur

Hebenstreit-Müller, S.: Neue Wege in der Elternbildung. Perspektiven im internationalen Vergleich. In: TPS, H. 3/2002

Sich selbst ein Bild machen –
Besuche in Corby

Besuch in Corby 2001
Cornelia Pforr, Angelika Scholz

Unser Programm vom 19.11. bis 21.11.2001

Montag, 19.11.01

08.30h bis 10.00h	Besichtigung des Centres und des Geländes
10.00h bis 12.00h	Aufenthalt in der Nursery
12.00h bis 12.45h	Mittagessen in der Nursery
13.00h bis 15.00h	Gelegenheit, Entwicklungsbücher, Beobachtungsbögen und andere Aufzeichnungen anzuschauen
15.30h bis 17.00h	Aufräumen und Vorbereiten für den nächsten Tag
17.00h bis 18.30h	Mitarbeiter/innenbesprechung / Planungssitzung
18.30h bis 20.00h	Austausch Angelika und Connie

Dienstag, 20.11.01

09.00h bis 11.00h	Aufenthalt in der Nursery, wir schließen uns einer Kollegin an: Angelika: Denise Hammond; Connie: Louise King
11.00h bis 12.00h	Aufräumen und Story Time
12.00h bis 13.00h	Mittagessen in der Nursery
13.00h bis 16.30h	Wie am Vormittag schließt sich jede von uns einer Kollegin an: Angelika: Annette Cummings; Connie: Denise Hammond.
	In dieser Zeit finden folgende Angebote statt: Musik- und Bewegungsangebot im Speiseraum (Connie); Ausflug mit dem Minibus in die Umgebung (Angelika)
16.30h bis 17.00h	Planungssitzung der Kolleg/innen aus der Nursery
20.00h bis 22.00h	Abendessen mit einigen Mitarbeiter/innen Angelika Scholz, Cornelia Pforr.

Mittwoch, 21.11.01

08.30h bis 09.30h	Frühstück und Austausch Angelika und Connie
10.00h bis 12.00h	Community Drop-in in der Nursery

12.00h bis 13.00h	Mittagessen in der Nursery
13.00h bis 13.30h	Gespräch mit Cath Arnold und Margy Whalley im „Jimmy's"
13.30h bis 15.00h	Cath zeigt uns zwei Häuser des Sure-Start-Projects. Austausch mit den Mitarbeitern und Eltern dort
15.30h bis 17.00h	Hausbesuch und Notizen zum Beobachteten
17.30h bis 19.00h	Austausch über den Tag und Auswertung der Reise (Angelika und Connie).

1.Tag in der Nursery
Montag, 19.11.01

Nachdem Angela Prodger uns aus dem Hotel abgeholt hatte, wurden wir herzlich vom Team des Centres begrüßt. Zunächst schauten wir uns in der Nursery um und stellten beide fest, dass wir uns, durch die Videofilme und Erzählungen, alles viel größer vorgestellt hatten. Auch uns, wie bereits allen anderen Besuchern aus Berlin, gefiel die Übersichtlichkeit in der Nursery. Man kann als Erwachsener in alle Bereiche schauen, da die Raumteiler in Form von Regalen und dgl. nicht höher als ca. 1 m sind.

Angela hatte gleich nach unserem Eintreffen Organisatorisches zu erledigen, da sich zwei Kolleginnen krank gemeldet hatten und eine im Urlaub war. In Corby besteht die Möglichkeit, in Krankheitsfällen Honorarkräfte einzusetzen, die meist auch sofort, spätestens aber am darauffolgenden Tag verfügbar sind.

In der Nursery werden z.Zt. 56 Kinder betreut. Davon sind 18 Kinder für den ganzen Tag, d.h. von 8.00h bis 16.00h angemeld et, zusätzlich zu diesen „Ganztagskindern" kommen 38 weitere Kinder nur am Vormittag und wiederum 38 nur am Nachmittag. Das Aufnahmealter der Kinder liegt bei 2 ¾ Jahren; je nach Einschulungstermin bleiben sie bis zum 4. bzw. 5. Lebensjahr in der Nursery.

Momentan sind 7 Family Worker dort beschäftigt, wobei 5 der Kolleginnen ganztags und 2 halbtags angestellt sind. Darüber hinaus gibt es die bereits erwähnten Honorarkräfte für Krankheitsfälle und außerdem Studentinnen, die dort ihr Praktikum absolvieren. Eltern, so haben wir es verstanden, können sich jederzeit unterstützend anschließen.

Gleich nachdem wir das Centre betreten hatten, begegneten uns die ersten Kinder, die im Flurbereich vor dem Raum der Nursery an den beiden Computern saßen oder Post spielten. Dabei fiel uns besonders ein Junge auf. Er war dabei, einen großen, roten Briefkasten unermüdlich mit Tesafilm zu umwickeln. Wie wir immer wieder beobachteten, war dies für diesen Vormittag seine Hauptbeschäftigung. Ungestört durch Kinder oder Erwachsene rollte er teilweise den Klebefilm ab oder zog den Briefkasten hinter sich her.

Eltern, die ihre Kinder brachten, trugen diese in die bereitliegenden Anwesenheitsbücher ein, begleiteten sie in die gemütliche Frühstücksecke, beobachteten sie noch eine Weile oder sprachen mit der zuständigen Kollegin. Sie entschieden selbst, wie lange sie bleiben wollten. Zur Zeit befindet sich das „Elterncafé" wegen diverser Umbauarbeiten nicht im Centre. Man hat aber auf dem Gelände einen Container aufgestellt, ihn sehr gemütlich eingerichtet und somit den Eltern die Möglichkeit geschaffen, sich weiterhin zum Austausch, Tee- und Kaffeetrinken zu treffen.

Die Kinder beschäftigten sich selbst und wandten sich nur sehr selten an die Mitarbeiterin. Auch Konflikte versuchten sie allein zu regeln. Die Kolleginnen nahmen nur dann Stellung, wenn sie körperliche Auseinandersetzungen beobachteten, denn eine der wenigen festen Regeln lautet: „Kein Körperkontakt" (damit ist natürlich nur der „kämpferische" gemeint).

Nach der ersten Orientierung in den Räumen der Nursery zeigte uns Colette Tait die übrigen Häuser. Gleich neben der Nursery entsteht ein neues Gebäude, das zum Sure-Start-Project (1999 entstanden) gehört; nähere Erläuterungen dazu später. Man plant, hier große Sandberge anzulegen, die durch Dächer geschützt und von der Nursery direkt zu erreichen sein werden. Außerdem wird es einen überdachten Verbindungsgang zwischen der Nursery und der Lloyds Educare Nursery geben. Diese Einrichtung sahen wir uns mit Colette an und sie erläuterte uns deren Funktion: Die Lloyds Educare Nursery befindet sich in unmittelbarer Nähe der Nursery und ist eine private Einrichtung, in der die Eltern einen Beitrag zahlen müssen. Sie ist von 8.00h bis 17.30h geöffnet und betreut 70 Kinder im Alter von 3 bis 10 Jahren. 35 Kinder kommen am Vormittag, 35 am Nachmittag; es gibt 2 Kinder, die den ganzen Tag betreut werden. Zwischen 16.00h und 17.30h kommen Schulkinder der benachbarten Schule hinzu. Die Schulkinder können Angebote wahrnehmen, die z.B. auch im geräumigen Gymnastikraum stattfinden.

„Von oben", so drückte sich Colette in einer Unterhaltung aus, möchte man, dass die beiden Nurseries enger zusammenarbeiten. Es gibt Annäherungen z.B. dergestalt, dass Kinder sich gegenseitig besuchen und dass beide Teams monatlich eine gemeinsame Mitarbeiterbesprechung abhalten. Alles in allem jedoch gestaltet sich die Zusammenarbeit durch die unterschiedliche Bezahlung der beiden Teams sehr schwierig.

Der nächste Stop unserer Besichtigungstour war das Research-, Development- and Training-Centre, kurz Jimmy's genannt. Cath Arnold begrüßte uns hier und erzählte uns einiges über das Centre. So erfuhren wir auch, dass momentan 8 Mitarbeiter/innen dort arbeiten, die sowohl Verwaltungstätigkeiten nachgehen, als auch dafür verantwortlich sind, Elterngesprächskreise und Gruppen zu bestimmten Themen zu gestalten.

Nachdem wir uns auch das Außengelände angesehen hatten, gingen wir zum Mittagessen in den Speiseraum. Die „Vormittagskinder" waren bereits abgeholt und so aßen wir mit den „Ganztagskindern" (17 an diesem Tag), Katey Mairs, Trevor Chandler, Angela Prodger und einer Kollegin aus dem Büro, während sich die Erzieherinnen in den Personalraum zu ihrer Mittagspause zurückzogen. Die Pausenregelung sieht im Centre folgendermaßen aus: 5 Min. Teepause am Vormittag, 40 Min. Mittagspause und nochmals 5 Min. Teepause am Nachmittag. Es ist den

Kolleginnen nicht erlaubt, Getränke mit in den großen Raum der Nursery zu nehmen.

Nach dem Mittagessen und einer kleinen Verschnaufpause an der frischen Luft hatten wir Gelegenheit, uns die Entwicklungsbücher der Kinder anzuschauen, sowie die Beobachtungsbögen und andere Aufzeichnungen genauer zu betrachten.

Wir stellten fest, dass es Entwicklungsbücher und Entwicklungsordner gibt. Während sich in den Büchern nur Fotos und kurze Bemerkungen zu beobachteten Situationen befinden, wird der Entwicklungsordner für jedes Kind sehr umfangreich gestaltet. So findet man dort u.a. genaue Aufzeichnungen über das Aufnahmegespräch mit den Eltern, Aussagen zur Gesundheit des Kindes etc. (wie unsere Karteikarten, nur viel ausführlicher), Berichte über Hausbesuche, Ausführungen in den Beobachtungsbögen und einiges mehr.

Nachdem die Kinder abgeholt und die einzelnen Bereiche, Areas, von den Kolleginnen und uns aufgeräumt waren, nahmen wir an der Mitarbeiterbesprechung und Planungssitzung teil (diese findet jeden Montag von ca. 16.30h bis 18.00h statt). An diesem Montag verzögerte sich alles ein wenig, darum konnten wir erst gegen 17.00h beginnen und beendeten die Sitzung um 18.30h.

In den Montagsbesprechungen werden u.a. Aktivitäten und Angebote geplant, die sich aus den Beobachtungen ergeben haben.

Ein Beispiel: Denise erzählte von einem Jungen, der sich über längere Zeit damit beschäftigt hatte, das Licht im Flur ständig aus- und an zu schalten. Sie plante nun, mit ihm einen Stromkreis aufzubauen, um ihm daran den Zusammenhang zu erklären.

Jeweils eine Kollegin ist während der Sitzung dafür verantwortlich, das Besprochene in einen großen Plan einzutragen. Dieser wird aufgehängt und macht somit jedem Mitarbeiter deutlich, was geplant und wer wofür zuständig ist; darüber hinaus sind spontane Unternehmungen immer möglich.

Für uns war es nicht immer möglich, dem Verlauf der Besprechung zu folgen, da alles ziemlich schnell abgehandelt wurde und die Kolleg/innen teilweise sehr schnell sprachen.

Wir beendeten diesen ersten sehr erlebnisreichen und spannenden Tag bei einem „preiswerten" Abendessen und tauschten unsere Eindrücke aus. Obwohl wir uns, wie wir fanden, ganz gut verständigen konnten, waren wir doch sehr angestrengt. Man unterschätzt zunächst, dass es doch nicht so leicht ist, deutsch zu denken und englisch reden zu müssen!!!

2. Tag in der Nursery
Dienstag, 20.11.01
An diesem Vormittag waren wir jeweils einer Kollegin zugeteilt. Angelika schloss sich Denise Hammond und Connie Louise King an.

Im Folgenden unsere Berichte:

Angelika: Ich verbringe den Vormittag mit Denise im Außenbereich, sie ist für diese Woche dort eingeteilt. Es ist ziemlich kalt, was die Kinder am wenigsten beeindruckt, denn einige laufen ohne Jacke herum, was nicht weiter kommentiert wird.

Mir fällt auf, dass die Kinder Spielsachen aus der Nursery mit nach draußen nehmen dürfen, dies ist dann erlaubt, wenn es zum Spiel gehört. In diesem Fall sind es Puppenwagen und Puppen. Die Kinder können auch draußen frühstücken, dazu wird eine Box mit fertigen Broten und Tee bereitgestellt. Auffällig ist, dass sehr viele Kinder mit Nuckel im Mund spielen. Die Kinder spielen hauptsächlich für sich allein. Denise muss die ganze Zeit im Außenbereich bleiben; da sie den Platz nicht verlassen darf, lässt sie sich von einer Kollegin eine wärmere Jacke holen. Auch hier draußen fällt mir auf, dass die Kinder sehr friedlich miteinander umgehen. Es gibt wenige Konflikte.

Um 11.30h beginnt die Story Time. Denise geht durch die einzelnen Bereiche und ruft die Kinder ihrer Family Group zusammen. Wir sammeln uns in der Puppenecke. Zu Beginn der Story Time wird das Lied: „Hello, we are here" gesungen, dabei wird jedes Kind mit Namen begrüßt. Anschließend wird ein Bilderbuch vorgelesen. Die Story Time dauert 20 Minuten. Danach werden die Vormittagskinder abgeholt, die übrigen gehen zum Mittagessen.

Connie: Nachdem ich die einzelnen Areas gefilmt habe, schließe ich mich Louise an, die in dieser Woche Dienst im Kreativbereich hat.

An diesem Vormittag will Louise C. und K. beobachten. Sie beginnt mit C. und erzählt mir, dass jeweils vier Kinder pro Tag beobachtet werden sollen. Zwei am Vormittag, zwei am Nachmittag.

Basierend auf einem Rotationsprinzip ist jede Erzieherin jeweils eine Woche für ein Area zuständig. Alle fünf Wochen ist man „Flow-in Person" (eine Art „Springerin").

Louise beobachtet C. (3 Jahre), die sich 35 Minuten mit Glitzer aus einer Streudose beschäftigt. Louise erzählt, dass Glitzer z.Zt. der absolute Hit sei, vor allem bei den Mädchen. Obwohl sich Louise auch mir zuwendet und einer Mutter eine Frage beantwortet, beobachtet sie sehr genau und schreibt ausführlich mit. Außerdem unterhält sie sich mit C., fragt diese, was sie macht und was ihr „Werk" darstellen soll; Sie notiert auch genau, was C. während ihrer Beschäftigung sagt.

Ich beobachte, dass Louise C. zunächst die Möglichkeit gibt, mit der Streudose nach Lust und Laune zu hantieren, sie greift erst ein, als ein anderes Kind ebenfalls ein Klebebild herstellen will und fast nichts mehr in der Dose vorhanden ist. Nach kurzem Widerstand und nochmaligem Erklären, dass sie auch an die anderen Kinder denken müsse, gibt C. die Streudose „frei".

Sollte es sehr „busy" zugehen, dann kommt es auch vor, dass keine Beobachtungen durchgeführt werden können, so erzählt mir Louise. Dies ist zum Beispiel der Fall, wenn Personal fehlt.

Zu Beginn ihrer Berufstätigkeit stehen den Kolleginnen 21 Urlaubstage zu. Nach fünf Jahren Zugehörigkeit erhalten sie fünf zusätzliche Tage, nach weiteren fünf

Jahren bekommen sie nochmals fünf Urlaubstage. Im Team kann immer nur eine Kollegin Urlaub nehmen, Louise meint, dass eigentlich immer jemand im Urlaub ist, weil man sonst mit der Urlaubsplanung nicht hinkäme.

Louise arbeitet 18,5 Std. in der Woche; täglich von 8.30h bis 12.15h, mittwochs zusätzlich von 13.00h bis15.00h (Staff Meeting) und montags von 16.30h bis 18.00h. Mehrstunden, die sich aus der Montagssitzung ergeben, werden durch eine 14tägige Schließungszeit im Sommer abgegolten. Die Einrichtung schließt, außer zu den üblichen Feiertagen, sonst nicht.

Louise ist eine ehemalige Mutter, deren Söhne mittlerweile fünf und acht Jahre alt sind. Nachdem ihre Söhne eingeschult waren, begann Louise in der Nursery zu arbeiten. Momentan absolviert sie ein spezielles Training und wird dabei von Margaret Myles angeleitet. Da es verschiedene Ansätze gibt, eine Qualifizierung zu erlangen, kann ich leider nicht sagen, welches Training Louise absolviert.

Bevor wir uns um 11.30h zur Story Time in die Bauecke setzen, räumen wir gemeinsam den Kreativbereich auf. Die Kinder werden nur kurz von Louise zum Aufräumen aufgefordert. Soweit ich beobachte, schließt sich keines der Aktion an. Zu Beginn der Story Time nimmt Louise ein Holzbrett zur Hand. Auf diesem sind die Namen der Kinder und ihr Name durch Klettstreifen befestigt. Mit Louises Hilfe findet jedes Kind sein eigenes Namensschild und nimmt es vom Brett. Da alle am heutigen Tag anwesend sind, bleibt kein Name übrig. Mir hat das gut gefallen, zum einen fühlt sich jedes Kind persönlich begrüßt und angesprochen, zum anderen lernen die Kinder durch diese Übung sehr schnell ihren Namenszug zu erkennen. Danach singen wir das Lied: „Hello, we are here!"

Louise gestaltet die ca. 20 Minuten der Story Time, indem sie jeweils ein anderes Kind ein Bilderbuch auswählen lässt, das sie vorliest und über das dann gesprochen wird. Oft ergeben sich daraus weitere Gespräche.

Manchmal wird in der Story Time auch gebacken oder Eiscreme hergestellt. Diese Zeit verläuft stets nach den Bedürfnissen der Kinder.

Nachdem ich mich von Louise verabschiedet habe, gehe ich mit Angelika zum Mittagessen.

Am Nachmittag begleitete Angelika Annette Cummings und Lorna Hendry mit deren Family Group zu einem spontanen Ausflug, während Connie zunächst mit Denise Hammond im Außenbereich war und sich dann einem Musik- und Bewegungsangebot im Speiseraum anschloss.

Angelika: Ich bin für diesen Nachmittag mit Annette zusammen. Sie bietet bis 14.00h „Farben und Formen" an. Ein Mädchen namens S. bemalt eine einfache Kachel, dreht diese dann um und bemalt sie auch auf der Rückseite. Annette beobachtet S. dabei und sieht, dass ein Muster auf dem Tisch entstanden ist. Sie fragt das Kind, ob es dieses Muster abdrucken möchte. S. holt sich Papier, legt es auf das Farbmuster, sie streicht mit der Hand über das Papier und druckt so das Muster ab. Annette erklärt dabei das entstandene Muster. S. holt sich Glitzer und streut dies auf ihre Kachel und den Abdruck. Plötzlich lässt sie die Kachel auf den Tisch fallen, Annette macht S. auf das Geräusch aufmerksam, was S. veranlasst, die Kachel nochmals fallen zu lassen.

Das Bemalen und Abdrucken wird von S. nochmals wiederholt, sie ist begeistert bei der Sache. Annette erklärt mir, dass auf diese Weise die Schemata zu erkennen sind.

Um 14.00h wird plötzlich mit großem Tempo diese Aktion beendet. Mit neun Kindern, Annette und Lorna breche ich zu einem Ausflug in die Umgebung auf. Wir benutzen den zentrumseigenen Kleinbus und fahren zu einem Schloss mit großem Park. Wir halten uns etwa eine halbe Stunde dort auf und fahren dann zum Centre zurück; die Kinder schlafen während der Rückfahrt ein.

Ich dachte, der Ausflug stünde im Zusammenhang mit den Schemata. Annette erklärt mir, dass sie das oft und spontan machen würden, da die Kinder zu wenig raus kämen (wie bei uns).

Connie: Nach dem Essen bin ich zunächst mit Denise im Außenbereich. Auch jetzt ist es noch ziemlich kalt und ich wundere mich, dass die meisten Kinder recht luftig angezogen sind, meist mit dünnen T-Shirts. Eine Mutter bringt ihre beiden Töchter zur Nachmittagsbetreuung, sie sitzen im Buggy und haben beide nackte Füße, die Mutter selbst trägt auch keine Strümpfe und hat nur leichte Sandalen an. Am Vormittag fiel mir das bei einigen Müttern bereits auf und auch die Kinder liefen teilweise barfuß durch die Nursery.

Etwas später gehe ich in den Speiseraum, um das Angebot für Musik- und Bewegung zu beobachten. Eine Musikerzieherin, Honorarkraft, kommt dienstags und donnerstags jeweils morgens und nachmittags im Wechsel in die Nursery.

Das Angebot ist offen für alle Kinder, wobei kein Kind verpflichtet ist, regelmäßig teilzunehmen, wenn es einmal mitgemacht hat. Die Erzieherin geht zunächst durch die Nursery und fragt die Kinder, ob sie mitmachen wollen.

An diesem Nachmittag beginnt sie mit fünf Kindern, es sind außerdem zwei Mütter dabei, deren Kinder noch neu sind, und Katey Mairs. Die Tür des Raumes ist zunächst offen, so kommen immer wieder Kinder vorbei und schauen zu. Nach kurzer Zeit gesellt sich ein sechstes Kind hinzu.

Die Erzieherin macht verschiedene Bewegungsangebote, dazu wird gesungen, außerdem werden Musikinstrumente eingesetzt. Im weiteren Verlauf wird eine Liederkassette abgespielt, die Kinder singen mit und bewegen sich dazu.

Ein Mädchen aus dem Kreis sieht, dass ein Junge durch die Scheibe der inzwischen geschlossenen Tür schaut. Sie geht zu ihm, öffnet die Tür, um ihm so die Möglichkeit zu geben hereinzukommen, doch der möchte nicht und geht weg. Kurze Zeit später kommt der Junge mit einem weiteren doch herein und macht mit. Zwei andere Jungen haben offensichtlich keine Lust mehr und verlassen den Speiseraum.

Ich sitze zunächst etwas abseits, beobachte, schreibe und fotografiere. Katey bittet mich hinzu, stellt mich der Erzieherin und den Müttern vor. Sie fragt mich, ob ich nicht ein deutsches Lied singen könnte. So spontan fällt mir leider kein einfaches Lied ein, ich singe dann aber eine Strophe von: „Heute scheint die Sonne."

Katey fragt mich, ob ich in Berlin nicht einige Lieder auf Kassette singen und ihnen zusenden könnte. Ich werde das bei Gelegenheit noch nachholen!

Die Kinder haben sich inzwischen 30 Minuten konzentriert und werden lebhafter. Das greift die Musikerzieherin sofort auf. Sie singen ein Zuglied und bewegen sich dazu.

Danach beendet die Kollegin diesen ersten Teil. Ich halte mich dann in der Nursery auf und unterhalte mich mit einer Praktikantin, die zweimal wöchentlich in die Nursery kommt. Die Musikerzieherin geht erneut durch den Raum und fragt die Kinder, ob sie beim zweiten Angebot mitmachen möchten. Einige folgen ihr in den Speiseraum, ich schließe mich jetzt nicht mehr an. Nach einer halbstündigen, spontanen Planungssitzung gehen wir gegen 17.00h ins Hotel, um uns etwas auszuruhen. Am Abend treffen wir uns mit einigen Kolleginnen zum Essen und haben so Gelegenheit, uns auch privat auszutauschen.

3.Tag in der Nursery
Mittwoch, 21.11.01

Als wir gegen 10.00h in der Nursery eintrafen, wuselte es überall von Kindern und Eltern. Es fiel uns gleich auf, dass sehr viele kleine Kinder (zwischen 1 und 2 ½ Jahren) und Babys da waren. Mittwochs findet zwischen 9.30h und 12.00h das Community-Drop-In statt: Familien mit Großeltern, aber auch Tagesmütter aus dem Einzugsgebiet können an diesem offenen Vormittag erste Kontakte zum Centre knüpfen. Obwohl alles recht laut zuging, hatten wir doch den Eindruck von Ruhe und Ausgeglichenheit. Mütter, die mit ihren Babys und älteren Kindern da waren, hatten Gelegenheit sich ausschließlich den Großen zuzuwenden, während ihre Kleinen von einer Erzieherin betreut wurden. An diesem Tag beschäftigte sich Denise Hammond mit den Kindern, alle anderen aus dem Team nahmen an einer Schulung im Jimmy's teil.

Nach dem Mittagessen waren wir mit Cath Arnold verabredet. Wir holten sie im Jimmy's ab und hatten dort noch kurz Gelegenheit, mit Margy Whalley zu sprechen. Cath fuhr mit uns zu zwei Häusern des Sure-Start-Projects (SSP). Das Projekt wurde 1999 ins Leben gerufen und wird staatlich gefördert. Es richtet sich an arme und benachteiligte Familien, die überwiegend arbeitslos sind. In vielen Familien gibt es Alkohol- und Drogenprobleme, in einigen Fällen auch Kindesmissbrauch.

Um den Familien den Zugang zu erleichtern, finden die Sure-Start-Angebote in Räumlichkeiten in den jeweiligen Stadtteilen statt.

Wie im Pen Green Centre in Corby werden hier Babymassagegruppen, Elterngesprächskreise und Messy-Play Days (Matschspieltage) angeboten. Mütter können sich außerdem kosmetisch verwöhnen lassen, bei schöner Musik und Tee relaxen, während ihre Kinder gut betreut sind. Einmal in der Woche steht den Familien ein Vertreter der Mietgenossenschaft zur Verfügung, bei ihm finden sie Hilfe bei Fragen zur Miete etc.

Wir wurden in beiden Häusern ebenso herzlich und freundlich aufgenommen wie überall in Corby. Nach kurzer Zeit hatten wir das Gefühl, als wären wir schon öfter hier gewesen. Die gesamte Atmosphäre strahlte Wärme und Gemütlichkeit aus, wir fühlten uns sofort eingeladen, nachdem wir die Haustür hinter uns geschlossen hatten.

Eine Mitarbeiterin berichtete uns, dass Eltern, die die Angebote im Sure-Start Haus in Anspruch nehmen, zusehends sicherer und selbstbewusster auftreten, wieder mehr Spaß daran bekämen, ihr Leben zu gestalten. Was sich natürlich auch auf den Umgang mit ihren Kindern auswirkt. Sie animierte eine anwesende Mutter, uns doch zu erzählen, welches ihre Beweggründe wären, das Haus zu besuchen.

Nach kurzem Zögern berichtete diese sehr lebhaft: „Zu Hause hatte ich nur meine Hausarbeit, war allein mit meinen Kindern. Ich fühlte mich oft schlecht und war depressiv. Hier kann ich Gruppen besuchen, mit Menschen sprechen, ich habe hier Freunde gefunden. Meine Kinder kommen auch sehr gern hierher."

Gegen 15.30h kehrten wir in die Nursery zurück. Angelika war mit Annette Cummings zu einem Hausbesuch verabredet. Connie hatte in dieser Zeit Gelegenheit, sich weitere Entwicklungsordner anzusehen und sich Notizen des Beobachteten zu machen.

Hausbesuch

Ich mache mit Annette einen Hausbesuch bei S., einem Kind aus ihrer Gruppe. Annette hat den Entwicklungsordner unter dem Arm.

Außerdem nehmen wir noch einen Jungen aus der Lloyds Educare Nursery mit. Dieser wird von S.' Mutter zu Hause betreut, bis seine Mutter von der Arbeit kommt. Als wir bei S. zu Hause ankommen, bin ich sehr erstaunt, wie klein das Haus ist. S. freut sich, uns zu sehen. Annette stellt mich der Mutter vor und erzählt, dass ich aus Deutschland komme.

Dann beginnt Annette ein Gespräch mit der Mutter. Man spricht über Privates, um die Atmosphäre aufzulockern. Nach etwa 20 Minuten erklärt Annette ihr nochmals den Grund unseres Besuchs. Wir sitzen die ganze Zeit mit unseren Mänteln da, was mich sehr wundert.

Annette zeigt S. ihren Entwicklungsordner; die Bilder, die sie gemalt hat und auch Fotos. Sie hat ein einzelnes Foto von S., was diese allein aufkleben darf. S. hält den Klebestift, der sehr groß ist und fährt auf dem Foto hin und her.

Zwischendurch probiert sie es auf dem Teppichboden, dabei wird sie von der Mutter ermahnt, dies nicht zu tun. Danach fängt S. an, den Stift zu untersuchen, indem sie ihn hoch und runter dreht, bis er abbricht. Nun rollt sie ihn in der Hand hin und her. Zwischendurch druckt sie ihre klebrigen Hände auf Papier ab. Annette erklärt mir, dies wäre S.' Schema.

In dieser Zeit zeigt Annette der Mutter S.' Ordner. Diese liest auch die Berichte über S. und anschließend unterschreibt sie diese. Annette fragt die Mutter, ob sie eine Idee hätte, was man ihrer Tochter anbieten könnte oder welche Aktion sie sich vorstellen könnte. Die Mutter hat keine Idee.

Es gibt in der Familie noch einen kleinen Bruder von neun Monaten. Dieser ist während unserer Anwesenheit sehr unruhig. Schließlich setzt die Mutter ihn in einen Laufstuhl, jetzt ist er zufriedener.

Inzwischen redet man weiter über S. Diese unterbricht das Gespräch. Sie möchte, dass Annette sich ihr widmet. Annette spricht mit ihr über Weihnachten und S. erzählt ihr von einer Puppe, die sie sich wünscht.

Die ganze Zeit ist die Tochter mit dabei, sie weiß, dass es um sie geht und genießt es richtig. Sie findet den Besuch ihrer Erzieherin ganz toll.

Zum Ende hin kommt der Vater nach Hause. Ich werde nochmals vorgestellt. S. zeigt ihm sofort den Entwicklungsordner und Annette unterhält sich auch mit ihm. Sie bittet die Familie, den Ordner am nächsten Tag mit in die Nursery zu bringen. Wir verabschieden uns. S. ist ein sehr munteres und fröhliches Kind.

Wie schon nach den beiden ersten Tagen in der Nursery kommen wir sehr müde im Hotel an, nehmen uns aber noch ausreichend Zeit, uns über das Erlebte auszutauschen.

Auswertung unserer Reise
Durch die freundliche und zugewandte Aufnahme überall in Corby konnten wir uns ungezwungen umschauen, viel beobachten und hinterfragen.

Uns ist durch den Aufenthalt noch deutlicher geworden, dass man das Konzept aus Pen Green nicht vollständig bei uns in Berlin umsetzen kann, besser gesagt: Man kann es nicht 1:1 übertragen.

In Corby handelt es sich überwiegend um Familien, in denen Arbeitslosigkeit herrscht und die außerdem viele andere soziale Probleme zu bewältigen haben. Mit der Einrichtung der Nursery 1983 und seit 1999 auch mit dem Beginn des Sure-Start Projects hat man eine Möglichkeit geschaffen, den Menschen einen gewissen Halt und eine Orientierung zu geben. Wir hatten den Eindruck, dass allein die Möglichkeit, ein Kind für einige Stunden in guter Obhut zu wissen, das Befinden der Eltern enorm stärkt. Viele nutzen die freie Zeit für sich, können sich z.B. neue Arbeit suchen oder auch eine Ausbildung beginnen.

In Berlin haben wir das Modellprojekt dagegen in einer seit 25 Jahren bestehenden Kindertagesstätte eingerichtet. Unsere Elternschaft hat gewisse Ansprüche und genaue Vorstellungen, welche Angebote man ihren Kindern macht.

Sie sind daran gewöhnt, dass ihre Kinder z.B. schwimmen gehen können, in ihrer Kreativität unterstützt werden, Außenaktivitäten unternommen werden, ihre Kinder ihrem Bewegungsbedürfnis nachgehen können und vieles mehr.

Haben die von uns betreuten Kinder möglicherweise nicht auch mehr Lernmöglichkeiten, allein schon deshalb, weil sie meist ganztags in der Einrichtung sind und diese zum größten Teil auch länger als zwei Jahre besuchen?

Beeindruckt hat uns der Umgang im Pen Green Centre miteinander. Wir empfanden insgesamt viel Ruhe und Ausgeglichenheit.

Liegt dies an der kurzen Zeit, in der die Kinder in der Nursery sind, am Alter oder vielleicht auch daran, dass es nicht so viele Kinder sind?

Fragen, die wir noch nicht beantworten können.

Schemata zu entwickeln und in dieser Richtung die Kinder noch genauer zu beobachten als wir das bislang getan haben, finden wir erstrebenswert. Durch den Austausch im Team und das Entwickeln von Aktionsplänen kann man auf lange Sicht auch „schwächere" Kinder gezielter in ihren Fähigkeiten stärken.

Besuch in Corby 2003

Regina Auth, Ramona Zimmermann

„Der Weg ist das Ziel"

[Regina Auth] Unter dem Motto „Der Weg ist das Ziel" und mit dem Vorsatz, ein besonderes Augenmerk auf die Beobachtungen und Wochenpläne zu legen, haben Ramona und ich uns auf den Weg nach Corby gemacht. Durch die gute Vorbereitung und die vielen Informationen aus den Berichten der anderen Kolleginnen konnten wir den Schwerpunkt auf die oben genannten Dinge richten, die uns besonders wichtig waren. Wir fanden uns im Pen Green Centre schnell zurecht, da sich die Arbeitsweise dort nicht sehr von der Tätigkeit in der Schillerstraße unterscheidet. Wir wurden routiniert, dabei aber herzlich aufgenommen. Schnell wurde uns klar: Wir in Berlin sind schon längst auf dem richtigen Weg zu einem „Early Excellence Centre".

1. Tag

Aufgrund der ausführlichen Beschreibungen der anderen Kolleginnen fanden wir uns schon am ersten Tag im Pen Green Centre gut zurecht. Wir werden deshalb in diesem Bericht auf eine weitere Beschreibung der Räumlichkeiten verzichten. Wie unsere Vorgängerinnen hatten wir am ersten Tag unseres Besuches die Möglichkeit, uns die Räume anzuschauen und einen Überblick über die zur Verfügung stehenden Materialien zu verschaffen. Nach einer kurzen Begrüßung durch Angela wurden wir einigen Mitarbeiterinnen vorgestellt, denen wir ungestört bei der Arbeit zuschauen konnten. Nachdem in unserer Kita eine so große Anzahl an Veränderungen vorgenommen wurden, empfanden wir keinen bedeutsamen Unterschied mehr zwischen dem dortigen Tagesablauf und unserem. Gegen 11:30 Uhr wurden die Kinder zusammengetrommelt, um die Story Time abzuhalten. Die Story Time findet nicht unbedingt in den dafür vorgesehenen Bereichen statt, da die Family Worker häufig auf andere Zusatzräume zurückgreifen (Softroom, Snoezelen). Um 12:00 Uhr fand das Mittagessen statt und danach gingen alle Kinder in den Außenbereich. Hier konnten wir die Abholsituation der Vormittagskinder und die Bringesituation der Nachmittagskinder gut beobachten. Auch an diesem Punkt stellten wir keine größeren Unterschiede zu unserer Arbeit in Berlin fest. Die Gespräche mit den Eltern hatten unterschiedliche Intensitäten und Länge.

Nach einer Pause nahmen wir zusammen mit sechs Erzieherinnen an der Planungssitzung teil. Der Austausch war knapp und schnell und bezog sich auf die wesentlichen Beobachtungen, die in den einzelnen Spielbereichen von den Erzieherinnen gemacht wurden. In dem Wochenplan wurde festgehalten, wer für die einzelnen Spielbereiche zuständig war, welche Kinder sich dort aufgehalten haben und was sie dort gemacht haben. Die zwei Kinder, die extra beobachtet wurden, kamen in dieser Planung, die jeden Nachmittag stattfindet, nicht gesondert vor. Außerdem wurden die Schemata und Lerninhalte im Wochenplan festgehalten. Die Planung in den jeweiligen Spielbereichen wird von den für diesen Bereich zuständigen Erzieherinnen durchgeführt. Die Notizen in dem Wochenplan werden jeden Tag mit einer anderen Farbe gemacht. [Ramona Zimmermann].

Bereich und Erzieherin	Zeitpunkt und Planung	Eltern-tagebuch	Kinder und ihr Schema	Aufmerksames Lernen (Regierungskatalog)
Nassbereich Kerry Staffelei	Maismehl Malerei, Staffelei Großes Papier Gefärbte Nahrung Gewürfelte Götter-speise		S., E. Rotation (Drehung und Wechsel) L. F., L. N. symbolische Darstel-lung L. F.- engagiert sein C., E., L. F., R., S., D.	Sie zeigen Interesse daran, warum Dinge geschehen. Schöpferisch arbeiten an einer langen Skala Die Beschaffenheit von Strukturen erforschen Etwas beitragen zu neuen treibenden Kräften.

[Regina Auth] Das Beispiel, das wir beobachten konnten, war die Beschäftigung im Nassbereich. Hier wurde am Montag mit Maismehl gearbeitet, das grün gefärbt war. Am Dienstag wurde an der gleichen Stelle von einer Praktikantin „Götterspeise" angeboten. An beiden Tagen konnten die Kinder mit verschiedenen Gebrauchsgegenständen in diesen Materialien rühren, manschen und kneten. Festzuhalten ist, das dieses Angebot jeweils von den gleichen Kindern wahrgenommen wurde.

2. Tag

Am zweiten Tag habe ich an der PICL -Gruppe[1] teilgenommen, die im Research and Training Center (Jimmy's) stattgefunden hat. Diese Kurse rotieren ständig, so dass alle Family Worker daran teilnehmen können. Hier lernen die Eltern, die ihre Kinder in Pen Green haben, mit den Fachbegriffen umzugehen und es besteht die Möglichkeit, die Videos der Kinder aus dem Kindergarten und die Videos, die von den Eltern aufgenommen wurden, zu betrachten. Dieses Mal nahmen drei Mütter und zwei Family Worker daran teil. Exemplarisch werde ich ein Beispiel dieses Treffens ausführlicher beschreiben:

---

[1] PICL = Parents Involvement in their Children's Learning

In dem Video ist S. zu sehen, die im Nassbereich mit dem Maismehl spielt. Sie füllt es in eine Plastikflasche, in der bereits Korken sind. Dann versucht sie Wasser in die Flasche zu füllen, was ihr jedoch nicht gelingt. Daraufhin gibt ihr die Erzieherin einen Trichter und nun schafft sie es, das Wasser einzufüllen und beginnt zusätzlich, Maismehl hinzu zu geben. Da sich neben der Flasche Maismehl angesammelt hat, hebt S. die Flasche an und kann genau auf den runden Abdruck der Flasche schauen. Der Family Worker hat das beobachtet und stellt fest, dass sich das Kind für Kreise interessiert. Im Anschluss berichtet die Mutter von zu Hause. Dort spielt S. besonders gerne mit einem Schloss und einer Drachenfigur. Außerdem hat die Mutter ein besonderes Interesse der Tochter an Exkrementen festgestellt. Der Family Worker entscheidet, dass aufgrund dieser Aussagen in der Kita sowohl ein Computerspiel mit Drachen angeboten wird als auch das Bilderbuch vom „Maulwurf, dem jemand auf den Kopf gemacht hat" gelesen wird. Alle Aussagen wurden stichpunktartig festgehalten. Der Family Worker hatte die Interessen von Steffi erfasst und versucht, sie darin mit besonderen Angeboten zu unterstützen.

[R. Z.] Sure-Start-Gruppe, im Gruppenraum, jeden Dienstag von 10:00–12:00 Uhr
Die Sure-Start-Gruppe ist eine Einrichtung für junge Eltern und deren Kinder und wird von der Regierung unterstützt. Die Gruppe wird von einer ehemaligen Mutter aus der Nursery geleitet. Bevor die Gruppe beginnt, stellt die Leiterin einen Stuhlkreis auf und legt ein paar Spielsachen bereit. Dieser Raum ist schön groß und bietet den Kindern eine Vielzahl an Spielmöglichkeiten, z. B. eine Holzeisenbahn, Kinderküche, Bausteine, Spiegel, Wippe, Tische und Stühle für Kinder.
Es sind 15 Kinder im Alter von sieben Monaten bis dreieinhalb Jahren, die mit ihren Müttern oder Omas an diesem Morgen da sind. Es herrscht eine ausgeglichene Atmosphäre. Zwei Mütter sind keine gebürtigen Engländerinnen, sondern aus Indien bzw. aus der Slowakei.
Die Kinder spielen ruhig miteinander und die Mütter und Omas unterhalten sich über ihren Alltag. Um 11:00 Uhr reicht die Leiterin den Kindern einen kleinen Snack, der aus Saft, Keksen und Chips besteht.
[R. A.] Danach gehen wir zur bereits begonnenen Story Time in die Nursery zurück. Hier konnten die Kinder darüber entscheiden, ob ein Spiderman-Video angesehen wird, das ein Kind von zu Hause mitgebracht hat, oder ob alle in den Soft-room gehen. Die Mehrzahl der Kinder entschied sich für das Video. Nach der Story Time stürmen alle sofort zum Mittagessen.
Die Story Time am Nachmittag fand für eine der Gruppen im Turm statt mit Blick auf den „Beach"[2]. Eine andere Gruppe geht in den Soft-room, andere Kinder verteilen sich an weiteren Orten. Die Story Time findet also nicht immer in den Areas statt. Nach der Verabschiedung der Kinder beginnt das Aufräumen. Danach treffen wir uns nochmals, um die Beobachtungen aus den Spielbereichen zusam-

---

[2] Im Pen Green Centre hat in den letzten Jahren ein enormer Aus- und Umbau stattgefunden. U.a. wurde ein Turm auf das Gelände gesetzt, von dem aus Kinder und Erwachsene einen Überblick über das gesamte Gelände bekommen.

menzutragen und in den Wochenplan einzutragen. Die schriftlichen Beobachtungen zu den Beobachtungskindern werden den betreffenden Family Workern gegeben, die dann daraus ein Angebot für das jeweilige Kind entwickeln.

3. Tag

An diesem Tag erhalten wir eine Führung über das gesamte Gelände. Da das meiste in den anderen Berichten bereits beschrieben wurde, beschränken wir uns auf das neu errichtete Gebäude, dem „Pen Green Research, Development & Training Base & Leadership Centre". Hier befindet sich eine Cafeteria, die zu einem Internetcafé umgewandelt werden soll, wenn die notwendigen Gelder dafür vorhanden sind. Außerdem hat Margy Whalley ihr Büro in diesem Haus und es sind weitere Büros dort untergebracht. Besonders bemerkenswert ist ein großer Vortragssaal, der mit allen technischen Hilfsmitteln ausgestattet ist. Dieser soll später auch als Filmvorführraum genutzt werden. Da die Bestuhlung dieses Raumes vollständig in der Wand verschwinden kann, ist dieser Raum auch anderweitig nutzbar. Dekoriert ist der Raum mit großen Portraits von Kindern aus der Nursery. Darüber hinaus gibt es noch einen kleinen Vortragsraum.

Nach der Besichtigung sind wir in den After-School-Club gegangen. Dieser wird an fünf Tagen in der Woche in der Zeit von 15:00–18:00 Uhr angeboten und spricht die Altersgruppe der 4–11-Jährigen an. Die Betreuung findet hauptsächlich in der Turnhalle statt. Für die ca. 40 Kinder stehen heute acht Erwachsene als Ansprechpartner zu Verfügung. Hierbei handelt es sich nicht ausschließlich um Erzieherinnen, sondern auch um Praktikanten, Honorarkräfte und einen Lehrer. Der Lehrer ist für die Hausaufgaben zuständig und organisiert überdies meistens die Ausflüge mit dem Bus. In den Ferien kommen bis zu 70 Kinder, in der Schulzeit sind es zumeist zwischen 40 und 50 Kinder. Der Ablauf ist immer der gleiche: Nach einer halben Stunde Freispiel werden die Kinder durch ein Zeichen zusammengerufen, in diesem Fall ist es so, dass die Erzieherin die Hand hebt. Dann werden alle Kinder gebeten, sich die Hände zu waschen oder auf die Toilette zu gehen. Dazu werden sie von einem Erwachsenen begleitet. Denn: Erst ab acht Jahren dürfen die Kinder ohne Begleitung zur Toilette gehen.

Dann wird eine kleine Mahlzeit eingenommen und die Kinder können danach zwischen drei Angeboten wählen. Sie können sich dafür entscheiden ins Jimmy's zu gehen, um dort am Computer zu arbeiten, einen Ausflug mit dem Bus zu machen oder mit einer weiteren Honorarkraft mit dem Schwungtuch zu spielen. Wir entscheiden uns, in der Turnhalle zu bleiben, da sich die meisten Kinder für die Aktivität mit dem Schwungtuch entschieden haben. Die Honorarkraft spielt drei verschiedene Spiele mit dem Schwungtuch. Das erste ist „Katz und Maus", das zweite ist das „Haifischspiel" und das dritte Spiel heißt „Obstsalat". Danach spielen sie mit einem großen Gummiband „Tom & Jerry". Alle drei Spiele waren mit viel Bewegung verbunden und haben den Kindern großen Spaß gemacht. Zwei der anderen Honorarkräfte und ein Praktikant sind während der gesamten Zeit anwesend, beteiligen sich aber nicht am Spiel. Zum Abschluss werden Bälle geholt und die Kinder können Fußball spielen. In der gesamten Zeit waren die Kinder gut betreut und hatten viel Freude am Spiel.

4. Tag

[R. Z.] Babymassage, jeden Donnerstag 10:00–11:30 Uhr.
Die Babymassage ist ein beliebter Kurs, der mehrmals wöchentlich stattfindet. Die Kursleiterin hat jedoch Urlaub und wird durch eine Honorarkraft vertreten. Der Kurs findet im Gruppenraum statt, die Stühle stehen im Kreis, auf ihnen liegen Handtücher und in der Mitte sind Decken bereit gelegt. Das Öl für die Massage bringt jede Mutter selbst mit. Der Kurs ist an diesem Morgen so gut besucht, dass er in zwei Gruppen aufgeteilt werden muss: Kurs 1 für die kleinen Babys von 0–6 Monaten und Kurs 2 für die Babys von 6–12 Monaten.
Die Leiterin schaut sich die Massageübungen von einem Zettel ab und macht die Übungen an einer Puppe vor. Die Mütter helfen ihr, wenn sie bei einer Übung nicht weiter weiß.

[R. A.] Heute habe ich die Zeit, mich intensiv mit den Beobachtungen zu beschäftigen. Da am Vormittag und am Nachmittag jeweils zwei Kinder beobachtet werden, entscheide ich mich dafür, ein Kind am Vormittag zu beobachten. Als wir in die Nursery kommen, stehen die zu beobachtenden Kinder noch nicht fest. Anett geht zu allen Erzieherinnen und fragt sie, welches Kind beobachtet werden soll. Dann schreibt sie die Namen an eine Pinnwand. Ich gehe in den Außenbereich und entdecke dort einen der Jungen, der beobachtet werden soll und auch die Erzieherin, die ihn beobachtet. Ich entscheide mich ebenfalls, den dreieinhalb Jahre alten K. zu beobachten. Es ist 9:40, K. fährt auf einem Dreirad mit Anhänger. In dem Anhänger sitzt J. mit einer Tasse in der Hand. K. fährt zu dem Matschtisch und füllt J's Tasse mit Sand. Er steigt vom Dreirad und geht los, um eine Schüssel mit Wasser zu holen. Diese stellt er auf den Tisch. Dann nimmt er J's Tasse und füllt die Tasse mit Hilfe eines Löffels mit weiterem Sand. Er nimmt eine weitere Kanne, füllt diese ebenfalls mit Sand und klopft diesen fest. Danach geht er zu J., der auf der Wiese neben einer Erzieherin sitzt, die ihm vorliest und dann mit den beiden Kindern spricht. Das Gespräch kann ich nicht verstehen, da ich zu weit entfernt bin. Beide Jungen kommen dann zurück und stellen sich wieder an den Matschtisch, um eine Muffinform mit Sand zu füllen. Dann nimmt K. die Form und trägt sie auf die Wiese. Hier klopft er den Sand immer wieder platt. Er nimmt ein weiteres Gefäß und geht wieder zur Wasserlandschaft, um Wasser zu holen. Er schüttet das Wasser in die Muffinform. Nun holt er die Muffinform und trägt diese zur Wasserlandschaft. Er nimmt einen Löffel und holt immer wieder Wasser und schüttet es in die Form. Er stellt die Form ab und geht ins Haus. Als er sich im Haus befindet kommt ein anderes Mädchen zu der Form und löffelt darin herum. Als K. zurückkommt sagt er: „Oh look!" und macht die Löcher mit dem Löffel wieder glatt. Er geht zu der Wasseranlage und löffelt das Wasser hin und her. Dann geht er zum unteren Lauf der Wasseranlage und legt den Löffel ins Wasser, um zu beobachten, wie der Löffel vom Wasser bewegt wird. Dann nimmt er seine Muffinform wieder auf und geht zurück in den Garten. Nun stellt er die Form auf ein Fahrrad, setzt sich ans Lenkrad, steigt wieder ab, nimmt die Form und bringt sie zu einem anderen Fahrzeug, setzt sich wieder und fährt schließlich zu den Hohlbausteinen. Hier setzt er sich hin und ruft nach J. Bald darauf kommt eine Erzieherin und spricht mit ihm. Er geht los und holt sich Trichter und Bälle. Er hält den Trichter am unteren Ende fest, steckt den Ball in die Öffnung und beginnt den Ball zu lecken. Dann setzt er sich mit J. in eine große Kiste. Als J. geht, ruft K. nach ihm. Nach ca. zwei Minuten kommt J. zurück und gibt K. einen Ast mit den Worten: „Ich schenke dir einen Baum". K. nimmt den Ast und bedankt sich, dann gibt er J. den Ast zurück, worauf J. geht. Daraufhin ruft K. noch einige Male nach J., geht zum Matschtisch und holt sich eine Kelle mit Sand. Er füllt zwei Trichter mit dem Sand aus der Kelle und trägt diese zu J. und gibt ihm einen der Trichter mit den Worten: „Das ist Eiskreme."

Ich habe hier die Aufzeichnung zitiert, die zwei Erzieherinnen aus Corby zu ihren Beobachtungen gemacht haben. Ich habe K. meinerseits eine Stunde lang beobachtet. Beide Erzieherinnen sind dem Kind während ihrer Beobachtungen gefolgt, wobei dieses sich dadurch offenkundig nicht gestört fühlte. Zur Dauer der Beobachtung wurde mir erklärt, dass das Kind sehr intensiv bei der Sache war und deshalb die Beobachtung nicht unterbrochen wurde. Während der gesamten Beobachtung wurden von den Erzieherinnen keine Fotos gemacht. Anschließend habe ich mich mit ihnen über die beobachteten Verhaltensmuster unterhalten, wobei ich zwei erkannt habe - das Transportieren und das Einfüllen. Darin konnten mich die Erzieherinnen bestätigen, nannten dann aber noch weitere, die ich bis dahin noch nicht kannte. Außerdem tauschten wir uns über die Art seines Spiels aus, in dem er eigene Erfahrungen und Erlebtes gleichsam nachspielte. Wir sprachen auch darüber, welche Bedeutung für K. der Kontakt zu J. hatte. Die Erzieherinnen wollen K. auf der Grundlage ihrer Beobachtungen das Angebot machen, mit ihm mit einer Eismaschine Eis zu produzieren.

Schlussgedanke

Dieser Besuch hat uns gezeigt, dass wir schon viele der Ideen aus Pen Green umgesetzt haben und trotz der anderen Arbeitsbedingungen eine hervorragende Arbeit leisten. Dabei muss immer bedacht werden, dass die Voraussetzungen in den beiden Kindertagesstätten in Großbritannien und Berlin sehr unterschiedlich sind.

Theoretische Grundlagen und praktische Beispiele

Schemata
Eine Theorie kindlicher Bildungsprozesse
Franziska Wilke

1. Einleitung

In der aktuellen Diskussion bezüglich der Bildung im Elementarbereich taucht immer wieder der Begriff ‚Bildungsprozess' auf. Kinder sollen identifiziert, geför-dert und weiterentwickelt werden. Dieser Herausforderung können sich Erziehende und Betreuende aber nur stellen, wenn sie wissen, was Bildungsprozesse eigentlich sind und wie sie funktionieren. Ziel des vorliegenden Beitrags ist es, Aspekte der Schematheorie zu erörtern.

Es wird zunächst die Sicht Piagets dargestellt als ein Beispiel dafür, wie Kinder sich die Welt aneignen. Als Grundlage dient seine Theorie der kognitiven Entwicklung. Ein wichtiger Aspekt dieser Theorie sind Schemata. Es sind kognitive Prozesse, wie Bildungsprozesse von Kindern geschehen. Schemata sind außerdem Basis des Pen Green Konzeptes aus Corby /England. Es ist eines der ersten Early Excellence Centres in England (Whalley 1997). Welche Schemata es gibt, wie man diese erkennt und wie sie in Pen Green genutzt werden, soll erläutert werden. Schemata sind nur zu beobachten, wenn ein Kind sich in der Einrichtung wohl fühlt und das richtige Material, bzw. die für sich richtigen Angebote zur Verfügung hat. Das Kind spielt dann engagiert, es ist in sein Spiel involviert (Hebenstreit-Müller 2002). Der Aspekt des Involvement and Well Being soll außerdem skizziert werden.

2. Bildung als Prozess

Nach § 22 Abs. 2 umfasst die Aufgabe der Kindertageseinrichtungen die Betreuung, Erziehung und Bildung von Kindern (SGB VIII, 1999).

Der Anspruch eines jeden Kindes auf Bildung stellt eine große Herausforderung für die Erzieher/innen und Betreuer/innen dar. Zunächst gibt es keinen einheitlichen Bildungsbegriff in Deutschland, was zusätzlich noch durch die sprachliche Unterscheidung von Bildung und Erziehung in Deutschland erschwert wird (Laewen 2002). Schäfer (1995, 1999) unterscheidet sechs Aspekte der Bildung im vorschulischen Alter: 1) Bildung des Selbst; 2) Sinnes- und Körperwahrnehmung; 3) Bildung von Gefühlen; 4) Bildung von Vorstellungswelt und Phantasie; 5) Ästhetische Bildung und 6) Bildung durch ein aktives Kind.

Bisher scheinen Bildungsprozesse nur aus biologisch- neurologischer Sicht erklärt zu sein, was auch ein Kritikpunkt Gloger-Tippelts (2002) ist. Sinneserfahrungen aus der Umwelt des Kindes gehen neutral in sein Gehirn, sind also demnach bedeutungslos. Erfahrungen und die Bedeutung von Objekten sind in einen soziokulturellen, historischen und ökonomischen Zusammenhang eingebettet. Zudem werden Objekte mit individuellen Gefühlen und Aktivitäten des Kindes in Verbindung gesetzt - die äußeren und inneren Bedeutungsformen werden zusammengeführt (Notholt 2003). In der Interaktion zwischen Kind und Umwelt, werden Bedeutungen erst konstruiert. Das Kind bildet sich also selbst, es eignet sich die Welt selbst an. Bildung ist somit als Selbstbildungsprozess zu verstehen. (Laewen 2002; Schäfer 1991, 1995). Als Konsequenz ergibt sich die Forderung nach Entwicklung einer Sensibilität für kindliche Aneignungsprozesse und Bedürfnisse, die Reflektion von Bildungszielen und Bereitstellung von Möglichkeiten zur Selbstsozialisation. Gloger-Tippelt (2002) fragt kritisch, ab welchem Kompetenzniveau oder Entwicklungstand Selbstbildung möglich ist und ob in Zukunft normative Entwicklungsverläufe und Bildungsziele überflüssig werden. Erziehung wird in Zukunft zwischen kulturellem Anliegen von Erziehungs-und Bildungszielen und

Bildungsprozessen der Kinder vermitteln müssen. Dies geschieht durch die Ausgestaltung der äußeren Bedeutungsebene. Dazu gehören Räume, Interaktionen und Materialien zu ausgewählten Themen. Die Herausforderung ist nur durch intensive, sensible Beobachtung möglich (Notholt 2003). Auch Erwachsene gehören zur Umwelt eines Kindes. Im frühen Kindesalter stehen sensomotorisches Verhalten, sozial-emotionale Erfahrung und kognitive Entwicklung in enger Interaktion mit ihnen, sie sind die ersten Bezugspersonen. Gloger-Tippelt (2002) spricht deshalb von einer Verlagerung der Bezugsadressaten. Zunächst schaffen Erwachsene die Voraussetzung für Bildungsprozesse, eben durch Materialangebot und Interaktionen. Später haben Kinder die Möglichkeit Voraussetzungen selbst zu schaffen.

Um dem Kind die Möglichkeit zur Nutzung der äußeren Bedeutungsebene, zum freien Explorieren und zur Aneignung von Welt zu geben, müssen die Bezugspersonen eine sichere Basis schaffen und erhalten. Selbstwertgefühl, Offenheit und Neugier werden dadurch in positiver Weise beeinflusst (Notholt 2003; Gloger-Tippelt 2002).

Der Selbst-Bildungsprozess des Kindes geschieht als Interaktionsprozess zwischen Wahrnehmung, Emotion, Kognition, Erfahrung und spezifisch situativer Bedeutung im soziokulturellen, historischen und ökonomischen Kontext. Es resultieren daraus Konsequenzen für die pädagogische Praxis. Intensives Beobachten kindlicher Bedürfnisse und individueller Themen sowie die schlussfolgernde Entwicklung von Curricula sind notwendig.

Die Frage, wie kindliche Bildungsprozesse geschehen, bleibt bestehen. Im nächsten Abschnitt soll die Theorie der kognitiven Entwicklung nach Piaget, eine weitere Annäherung an diese Frage ermöglichen.

3. Piagets Theorie der kognitiven Entwicklung des Kindes

Piaget geht von einem strukturalistischen Ansatz der geistigen Entwicklung aus. Das kindliche Denken hat eine Form und Struktur. Als kognitive Strukturen bezeichnet er Schemata. Ein Schema ist ein strukturiertes Verhaltensmuster (Montada 1998). Die kognitiven Strukturen existieren nebeneinander, koordinieren und kooperieren miteinander und werden zu Strukturen höherer Ordnung. Piagets Stadientheorie postuliert, dass jedes Stadium durch eine spezifische Struktur gekennzeichnet ist. Das Durchlaufen der Stadien ist mit einer strukturellen Veränderung verbunden. Diese ist nicht quantitativ, sondern qualitativ (Miller 1993). Am Ende eines Stadiums befinden sich Assimilation und Akkomodation im Gleichgewicht. Dies geschieht im Prozess, den Piaget Äquillibration nennt. Assimilation ist die Anwendung eines allgemeinen Schemas auf einen Gegenstand oder eine besondere Situation. Es wird entsprechend den Gegebenheiten der Umwelt modifiziert. Ein Reiz von außen kann nur ein Verhalten steuern oder verändern, wenn es in ein vorhandenes Schema integriert wird (Bringuier / Piaget 1996). Dagegen ist die Akkomodation die Anpassung eines Schemas an die Umwelt, also eine Situation. Sie ist durch das Objekt bestimmt, die Assimilation dagegen durch das Subjekt (ebd.). Die Berührung des Objekts verändert die Tätigkeit des Reflexes, später des Schemas. Es gibt aber keine Assimilation ohne Akkomodation. Denn wenn ein Säugling assimiliert, zum Beispiel das Saugschema auf alle Gegenstände anwendet, findet auch gleichzeitig Akkomodation statt. Der Säugling passt sein Schema den Objekten, die es saugt, an. Piaget schreibt dazu „ Man kann ganz allgemein sagen, dass der Reflex durch seine Ausübung konsolidiert und verstärkt wird." (Piaget 1969, S. 42) Anpassung geschieht also immer dann, wenn sich Strukturen in Abhängigkeit von der Umwelt verändern und dadurch die Interaktion zwischen sich und der Umwelt verstärkt wird (Piaget 1973, S. 15). Adaptation ist das Gleichgewicht zwischen Assimilation und Akkomodation; Äquilibration der Prozess der Kräfteverschiebung beider. Ein Ungleichgewicht zwischen Assimilation und Akkomodation, am Anfang eines Stadiums, entsteht durch Veränderung im Organismus, der Umgebung bzw. durch fehlgeschlagene Assimilationsprozesse. Es treten kognitive Diskrepanzen auf, die es durch Erweiterung bzw. Ausbau neuer Denkstrukturen, zu beseitigen gilt. Assimilation und Akkomodation gleichen sich somit wieder aus. Am Ende eines jeden Stadiums befindet sich die Entwicklung der Strukturen im Gleichgewicht (Miller 1993).

Die Stadien der kognitiven Entwicklung folgen einer bestimmten Reihenfolge. Jedes Stadium geht aus einem vorherigen Stadium hervor und es kann keines übersprungen werden. Das Subjekt ist jedoch nicht auf die festgelegten Stadien zu reduzieren. Erkenntnis ist immer eine Interaktion von Subjekt und Umwelt. Der menschliche Organismus konstruiert sich seine Strukturen selbst (Bringuier / Piaget 1996). Die Entwicklungsstufen sind universell. Das heißt, jeder durchläuft die Strukturen, Konzepte und Stadien in seiner Lebensgeschichte.

Piaget beschreibt vier Stadien der kognitiven Entwicklung. Sie reichen bis zum Alter von 15 Jahren, wobei die Altersangaben des jeweiligen Stadiums variieren können.

Stadien der kognitiven Entwicklung

Die Entwicklung beginnt mit dem sensomotorischen Stadium, welches mit der Unterteilung in sechs Stufen beschrieben wird. Danach beginnt das präoperationale Stadium und es folgt das konkret-operationale Stadium. Die kognitive Entwicklung endet nach Piaget mit dem formal-operationalen Stadium.

Das sensomotorische Stadium
Der Mensch kommt mit Sinnesorganen, Reflexen und spontanen Bewegungen zur Welt, d.h. der Säugling weiß nichts von den Zusammenhängen in der Welt. Er bringt aber das Potential mit, sich ein eigenes Weltbild zu erschaffen. Dabei durchläuft er innerhalb der ersten 24 Monate sechs Stufen:

Die Reflexmodifikation
Diese Stufe reicht von der Geburt bis zum ersten Lebensmonat.

Die Reflexe (z.B. Saugreflex, Greifreflex) sind vorhanden und werden immer wieder benutzt und aktiviert. Sie passen sich nach und nach der Umwelt an (Assimilation). Dadurch, dass ein Schema auf verschiedene Objekte angewandt wird, erhöht sich auch das Unterscheidungsvermögen. Kinder erkennen die Objekte wieder. Reflexe werden durch das „Trainieren" zu strukturierten Verhaltensweisen (Schemata), die spontan und bewusst angewandt werden können.

Die primäre Zirkulärreaktion

Diese Stufe reicht vom Beginn des ersten Monats bis zum Ende des vierten Monats.

Zirkulärreaktion bedeutet, dass Schemata des Kindes sich ständig wiederholen. Primär heißt in diesem Zusammenhang, dass der eigene Körper im Mittelpunkt steht. Durch Zufall entdeckt das Kind, dass bestimmte Verhaltenweisen bestimmte Reaktionen hervorbringen, die es ständig versucht zu wiederholen. Wenn dies erfolgreich ist, spricht Piaget von „Gewohnheit". In diesem Stadium bilden sich neue Schemata durch Erweiterung der bereits Vorhandenen.

Die sekundäre Zirkulärreaktion

Diese Stufe reicht vom Ende des vierten Monats bis zum Ende des achten Monats. Kennzeichen dieses Stadiums sind nach außen gerichtete sekundäre Zirkulärreaktionen. Das Kind tut zufällig etwas, was in der Umwelt eine bestimmte Reaktion hervorbringt. Es bewegt die Rassel, was ein Geräusch zur Folge hat. Diese Bewegung wird generalisiert, d.h. das Kind schüttelt immer wieder seine Hand, wenn es ein Geräusch hört. Die Objekte werden durch das Handeln wieder erkannt. Piaget nennt es das „motorische Erkennen". Handlungen werden am Ende nur noch angedeutet.

Die Koordination der sekundären Verhaltensschemata

Diese Stufe reicht vom Ende des achten Monats bis zum Ende des ersten Jahres. Durch die Kombination von Verhaltensschemata bilden sich Verhaltenssequenzen. Diese bestehen aus dem Übergangsschema und der Zielhandlung. Das Kind hat in diesem Stadium schon ein Ziel und kann zwischen Zweck und Mittel unterscheiden. Dieses Zweck-Mittel-Verhalten wird auch auf neue Situationen angewandt. Was im dritten Stadium noch zufällig geschah, ist nun eine bewusste Handlung. Schemata sind außerdem nicht mehr an ihren Kontext gebunden. Piaget beschreibt mehrere Situationen, in denen er seine Hand vor eine Zündholzschachtel legte, die ein Kind greifen wollte. Hatte Laurent während der dritten Stufe nur das ihm vertraute Greifschema (erfolglos) auf die Zündholzschachtel angewandt, so schlägt er auf der vierten Stufe auf die Hand seines Vaters ein (Mittel) und ergreift die Schachtel (Zweck). Laurent hat ein Hindernis beseitigt, um an ein Ziel zu gelangen (Miller 1993, S. 60).

Die tertiäre Zirkulärreaktion

Diese Stufe reicht vom zwölften bis zum achtzehnten Monat.

Kinder führen nun Experimente durch, d.h. Handlungen werden absichtlich verändert um des Ergebnisses willen. Man nennt dies auch „Versuch-Irrtum-Exploration".

Beispiele für solche neuen Mittel wären etwa das Ziehen an einer Decke, um an einen Gegenstand zu gelangen, der auf der Decke liegt, oder das Verschieben eines langen, dünnen Gegenstands, bis er so liegt, dass er durch die Gitterstäbe des Kinderbettes gezogen werden kann (Miller 1993, S. 61).

Die Erfindung neuer Mittel durch geistige Kombination
Diese Stufe reicht vom achtzehnten Monat bis zum Ende des zweiten Lebensjahres.
Das Denken ist von nun an verinnerlicht. Es findet keine externe Exploration statt, sondern eine interne geistige. Das Kind verwendet mentale Symbole. Das „Versuch-Irrtum-Prinzip" ist nicht mehr nötig, denn das Kind erfindet spontan neue Lösungen.

Man kann sagen, dass sich im Laufe dieser sechs Stufen drei wichtige Entwicklungen vollziehen. Das Kind differenziert sein Selbst zunehmend von seiner Umwelt. Es gewinnt Erkenntnisse über die Eigenschaften von Objekten und die kognitiven Strukturen werden organisierter.
Innerhalb dieser sechs Stufen bilden sich des Weiteren grundlegende kognitive Konzepte, wie z.B. die *Objektpermanenz (6 - 8.Monat)*.

Das präoperationale Stadium
Das präoperationale Stadium reicht vom zweiten bis siebten Lebensjahr des Kindes.
Konzepte, Beziehungen, Raum und Zeit werden durch semiotische Funktionen auf eine mentale Repräsentation übertragen.
Ein Objekt/ Phänomen, wird durch etwas anderes ersetzt. Piaget nennt die Worte oder Gesten, die das Objekt ersetzen, „Signifikant". Es gibt zwei Arten:
Symbole - Sie werden besonders im symbolischen Spiel deutlich. Es besteht noch ein Bezug zum Objekt.
Zeichen - Sie zeigen keinen Bezug zur Bedeutung des Objekts (Wörter für Objekte).
Nur so kann die Sprache entstehen. Das Denken ist der Sprache vorausgesetzt und nicht umgekehrt. Das Denken ist im präoperationalen Stadium noch durch bestimmte Merkmale eingeschränkt, z.B. durch den Egozentrismus, die Rigidität des Denkens und das prälogische Schlussfolgern.

Das konkret-operationale Stadium
Das konkret-operationale Stadium reicht vom siebten bis zwölften Lebensjahr.
Gedanklich repräsentierte Objekte werden zu Operationen. Operationen sind verinnerlichte Handlungen, die sich nur innerhalb von Gesamtsystemen entwickeln.

Ein berühmtes Beispiel von Piaget ist die Erhaltung von Mengen. Vor den Augen des Kindes wird das Wasser von einem Gefäß in ein anderes Gefäß mit anderer Form gegossen. Ein Kind, das den Erhaltungsbegriff noch nicht gelernt hat, ist fest davon überzeugt, dass sich die Menge des Wassers geändert hat. Ein Kind, das erkennt, dass die Menge gleich geblieben ist, kennt diesen Erhaltungsbegriff, d.h. bestimmte geistige Operationen sind vorhanden.

Das Denken in diesem Stadium ist dezentrierter und dynamischer. Die Operationen sind aber noch konkret, d.h. sie sind nur auf vorhandene oder gedanklich repräsentative Objekte übertragbar. Das Kind stellt sich die Frage „Was ist?" und nicht „Was wird sein?".

Das formal-operationale Stadium

Das formal-operationale Stadium reicht vom 12. bis zum 15. Lebensjahr.

Das Denken löst sich nun von der Wirklichkeit. Es wird reflektiert. Der/die Jugendliche denkt Hypothetisches oder Zukünftiges. Piaget spricht davon, dass das Denken wissenschaftlich wird. Es gibt eine Hypothese über einen Gegenstand oder ein Phänomen, welches an der Wirklichkeit überprüft wird.

Die Fähigkeiten des „neuen" Denkens zeigen sich auch im sozialen Bereich. Der/die Jugendliche setzt sich mit der Zukunft und seiner/ihrer sozialen und beruflichen Rolle auseinander. Er/Sie diskutiert mit Freunden und interessiert sich zunehmend für Politik. Allerdings zeigen Personen in diesem Alter noch Anzeichen von idealistischem Egozentrismus. Jugendliche sind von der Macht des Denkens so beeindruckt, dass sie das Praktische unterschätzen. Dies ändert sich aber, so meint Piaget, mit dem Eintritt ins Berufsleben.

Mit den formalen Operationen vervollständigen Heranwachsende ihre kognitiven Möglichkeiten. Die verschiedenen konkret-operativen Systeme werden zu einem einzigen, straff durchorganisierten Denksystem – einem vereinigten Ganzen – verbunden. Diese Veränderungen im Alter von über 15 Jahren betreffen aber nicht mehr die Struktur des Denkens, sondern nur noch dessen Inhalte und Stabilität (Miller 1993, S. 74).

Nach Piaget verläuft die kognitive Entwicklung in vier Stadien. In einem Zeitraum von ca. 15 Jahren werden Strukturen gebildet, koordiniert, kooperiert oder transformiert. Das Kind macht sich auf immer komplexer werdende Weise ein Bild von der Welt. Von der sensomotorischen Erfahrung am eigenen Körper, bis hin zur formal abstrakten Logik (Piaget 1972). Dies geschieht immer in Interaktion zwischen Umwelt und Subjekt. Piaget nennt dies „kognitive Adaptation". Zur Anpassung gehören Assimilation und Akkomodation. Beide treten über alle vier Stadien hinweg auf. Die Stadien gliedern sich in sensomotorisches Stadium, präoperationales Stadium, konkret-operationales Stadium und formal-operationales Stadium.

Die Theorie Piagets geht von einem aktiven Kind aus, welches sein Bild von der Welt selbst konstruiert, unter anderem mit Hilfe seiner Schemata.

Es soll im Folgenden beschrieben werden wie die Ideen dieser Theorie im Rahmen des Pen Green Centre in Corby Anwendung finden.

4. Pen Green und Schemata

Pen Green ist eines der ersten Early Excellence Centres in England. Es wurde 1983 gegründet und als Kindertageszentrum konzipiert, in dem sich Eltern, Personal, Kinder und auch Außenstehende wohl fühlen. Das Kind wird als reich an Potentialen, stark, kraftvoll, kompetent und mit Erwachsenen und anderen Kindern verbunden gesehen. Eltern nehmen die Erzieher/innen nicht als Konkurrenz wahr. Gleichzeitig sehen die Erzieher/innen die Eltern als hauptsächliche Bezugspersonen und Experten ihres Kindes. Die Erzieher/innen heißen deshalb Family Worker. Sie betreuen jeweils ca. acht bis zehn Familien (Hebenstreit-Müller et. al. 2001). Um die Beziehung von Eltern und Fachkräften zu entwickeln und zu fördern, finden Hausbesuche, Eingewöhnungszeit und Gesprächskreise statt. Zudem ist das Zentrum elternfreundlich eingerichtet, es gibt Elterncafés und Sitzecken. Pen Green geht von der Überzeugung aus, dass alle Eltern - Mütter und Väter - an der Entwicklung ihrer Kinder interessiert sind. Eltern werden deshalb an den Lernprozessen der Kinder beteiligt. Um diese besser zu verstehen, gibt es auch für die Eltern Fort- und Weiterbildungen. In Einzel- und Gruppengesprächen über Entwicklungsbücher ihres Kindes, Beobachtungen (zu Hause und in der Einrichtung) oder Dokumentationen (per Video oder Tagebuch), wird ein partnerschaftlicher Austausch mit den Erzieher/innen begünstigt. Eltern werden in die Entwicklung ihres Kindes mit einbezogen, man kann mit ihnen zusammenarbeiten, passende Angebote für das Kind erarbeiten und die kindlichen Bildungsprozesse somit erweitern (Arnold 2000). Eltern lernen die Verhaltensweisen ihrer Kinder besser zu verstehen. In einem Pen Green „booklet" für Eltern und Betreuer heißt es:

„Children sometimes do things which seem crazy to adults. Why do children carry sand around paper bags? Why push a pram with nothing in it? Why post a 'scotch pie' in the video recorder? […] But when an 'expert' in children's play and learning came to work with staff and parent about 'SCHEMA', what had been odd or irritating behaviour started to make sense" (Pen Green, unveröffentlicht).

Eltern und auch Betreuer/innen fällt es oft schwer, das Verhalten von Kindern als Bildungsprozess zu betrachten. Pen Green arbeitet nach der Schema-Theorie, die sich stark an Piagets Theorie anlehnt. Viele Situationen und Verhaltensweisen bekommen durch die Arbeit mit Schemata Sinn. Die Theorie im Hinterkopf zu haben, hilft beim Beobachten der Kinder, kann beim Planen von Aktionen einbezogen werden und vereinfacht es, mit Eltern ins Gespräch zu kommen und sie für die Entwicklung ihres Kindes zu interessieren (Bruce 2002). Sie hilft der Erzieherin, jedem Kind, seiner kognitiven Entwicklung und seinem Interesse nach, individuelle Angebote zu machen (Whalley 1997). Die Kinder werden in der Einrichtung von den Erzieher/innen und zu Hause von den Eltern, auf der

Grundlage der Schema-Theorie, beobachtet. Die Dokumentation erfolgt in Beobachtungstagebüchern, Entwicklungsbüchern oder per Video. Betreuer/innen und Eltern tauschen sich dann über die Beobachtungen aus. Die Erzieher/innen können mit den eigenen Beobachtungen und mit denen der Eltern gezielt Angebote für das Kind vorbereiten. Die Eltern können mit ihrem Wissen das Verhalten ihres Kindes besser verstehen, darauf eingehen und gezielt Material zur Unterstützung bereitstellen. Eine Erzieherin beschreibt die Beobachtungen der Eltern von Clara:

„Her mother has found schema study useful in supporting Clara's play at home. Clara will stay with her play longer as her mother is able to provide the appropriate materials and encouragement. Once her mother found Clara made a train with the kitchen stool, put her teddies in it and drove around with it, then made a den for them all and played with them for days, developing different stories - she had been quiet and involved for hours" (Bruce 2002).

Die Schematheorie gibt Erzieher/innen und Eltern die Möglichkeit, ein Vokabular für die Beobachtungen und Lernprozesse von Kindern, d. h. eine gemeinsame Sprache, zu entwickeln.

Im nächsten Abschnitt wird die Weiterentwicklung und Anwendung der Schematheorie im Pen Green Centre dargestellt.

5. Schematheorie – ihre Weiterentwicklung und praktische Anwendung

Die Schemaforschung begann in den 70er Jahren mit Cath Athey. Sie löste ein Problem, welches schon seit Jahrzehnten bestand. Man konnte nun gut formulieren, was gute Qualität von Betreuung ist. Die Theorie gibt Hilfe bei der Beobachtung von Kindern und deren Einbeziehung in die Curriculumplanung. Sie hilft aber auch, Situationen zu analysieren und zu interpretieren. Aus diesem Grund sind Schemata nicht isoliert, sondern immer im Kontext zu betrachten.

Ein Schema ist: „... a pattern or repeatable behaviour into which experiences are assimilated and that are gradually co-ordinated. Co-ordinations lead to higher level and more powerful schemas" (Athey 1990, S. 37). Es sind Verhaltensmuster, durch die sich das Kind ein Bild von seiner Welt macht und begreift, wie sie funktioniert. Schemata koordinieren sich immer mehr und werden somit komplexer (Bruce 2002). Diese Sichtweise stellt den Bezug zu Piagets Konzept der Assimilation und Akkomodation her.

Innerhalb der Schemata gibt es keine Hierarchie, sie sind neutral. Ein Schema kann dominant sein. Es gibt aber auch Kinder, die über ein Cluster an Schemata verfügen (Whalley 1997).

Sie sind grundsätzlich Teil des Menschen, sie haben immer eine biologische und eine soziokulturelle Seite. Ein Kind wird mit einem biologisch determinierten Verhaltensrepertoire geboren. Dies wird immer komplexer. Die Muster werden zusätzlich von Kontextmerkmalen beeinflusst. Biologie und Umwelt stehen also in Interaktion und beeinflussen sich gegenseitig (Bruce 1997). Alle Säuglinge beginnen das Lernen mit denselben Schemata. Jedoch unterscheiden sie sich schnell, da jedes von ihnen individuell von Personen und Kontextmerkmalen beeinflusst wird, Erwachsene beeinflussen z.B. inwieweit sich Schemata beim Kind entwickeln, indem sie die Umwelt mit entsprechendem Material anreichern - oder nicht (Bruce 2002).

Schemata sind auf vier Ebenen präsent. Die sensomotorische Ebene ist die erste Phase im Leben eines Menschen. Lernen findet über Sinneserfahrungen und Bewegungen statt, die stark auf den eigenen Körper gerichtet sind. Später findet eine symbolische Repräsentation der Objekte im Kopf statt, Bruce (2002) nennt es „die symbolische Ebene". Auf der funktionalen Ebene beginnt das Kind Interesse an Ursache-Wirkungsmechanismen zu entwickeln. Auf der abstrakt-operationalen Ebene entwickeln sich schließlich Reversibilität und Transfomation. Die Entwicklung erfolgt stufenartig. Ein Rückfall auf eine niedrigere Ebene ist nicht möglich, trotzdem stehen sie oft nebeneinander. Ein Kind auf der symbolischen Ebene kann z.B. auch gleichzeitig mit bereits erlernten sensomotorischen Schemata Erfahrungen machen.

Die Art der Entwicklung sowie die einzelnen Stufen sind stark an Piaget angelehnt. So meint Bruce (1997), dass die Schema-Theorie keine neue Erfindung sei, sondern dass sie vielmehr ein Komplex aus unterschiedlichsten Theorien sei, so auch der Piagets'.

Ein Schema hat immer zwei Aspekte. Es ist zum einen dynamisch und zum anderen konfigurativ. Dynamisch ist es, wenn das Schema durch Bewegung wirkt. Das Kind führt mit sich selbst ein Schema aus. Zum Beispiel dreht sich ein Kind mit ausgestreckten Armen um die eigene Achse und sagt, es sei ein Mixer. Diese Form, Schemata auszuüben, ist vergänglich. Der konfigurative Aspekt dagegen ist ein Zustand, der nicht vergänglich ist. Das Kind tut etwas Beständiges, was für sich allein steht. Ein Kind malt z.B. mit Kreide auf dem Boden Spiralen und Kreise. Der konfigurative und der dynamische Aspekt sind koordiniert und in das Schema integriert (Bruce 1997). Erwachsene tendieren jedoch dazu, den konfigurativen Aspekt des Schemas eher zu fördern, indem sie das Malen, Basteln oder Singen besonders fördern (Bruce 1997).

Verhaltensmuster, durch die das Kind die Welt für sich entdeckt und erobert, lassen sich kategorisieren, so dass ca. 36 verschiedene entstehen. Die am häufigsten vorkommenden Schemata sind: Linien, Einhüllung, Rotation, Transport, Verbindung, Einfassung / Einzäunung oder Schichtung. Diese Muster gibt es aber nicht nur im frühen Kindesalter, sondern über das ganze Leben hinweg. Sie werden so komplex und so koordiniert, dass sie nicht mehr als Schemata wahrgenommen werden. Sie sind jedoch immer mit Gefühlen, Ideen und Beziehungen zu Dingen, die man mag, oder nicht mag, verbunden. Daraus ergeben sich bestimmte Interessen. Ein Kind mit dem Transportschema hat später oft großes Interesse an Quantität und Zahlen, ein Kind mit einem Horizontale-Linien-Schema interessiert sich oft für Länge und historische Zeitlinien (Bruce 1997).

Ein Schema ist aber nie separat zu betrachten, sondern immer in einem kulturellen, zeitlichen und sozialen Kontext. Ein Schema kann mit Sicherheit, Freude und Lust oder mit Abneigung verbunden sein. Mit Unterstützung können Kinder hoch motiviert ihre Schemata ausleben. Es wurde festgestellt, dass Kinder, die die gleichen oder parallele Schemata anwenden, oft zusammen spielen. Wenn Schemata aber in Konflikt stehen, kommt es eher zu Streit (Bruce 1997). Es ist deshalb auch Aufgabe der Erwachsenen, dies genau wahrzunehmen und Angebote zu machen, wie die Kinder damit umgehen können.

Schemata werden aber nicht nur im Spiel angewandt, sie sind in den Alltag des Kindes integriert. So sind sie auch in täglichen Situationen wie z.B. beim morgendlichen Anziehen, bei den Mahlzeiten oder beim Zubettgehen zu beobachten.

Es ist Aufgabe der Erzieher/innen, Eltern oder der Betreuenden, das kindliche Lernen differenziert zu betrachten. Auch wenn es in den Augen Erwachsener oft so aussieht, als ob ein Kind unaufmerksam ist, kann es für das Kind intensives Lernen bedeuten. Schemata können aber nur erkannt werden, wenn die Kinder intensiv beobachtet werden und durch Interaktion und ansprechendes Material unterstützt werden.

„Relationships, feeling and interactions between adults and children, as well as the material provisions offered, both contribute effectively to the child`s learning" (Bruce 1997, S. 84).

6. Nutzung der Schemata zur Förderung kindlicher Bildungsprozesse

Für Bruce (1997) bedeutet gute Qualität einer Kindertageseinrichtung, die Integration von Beobachtung und Identifikation von Schemata, die Unterstützung dieser durch Material, Angebot und Interaktion und die Förderung des kindlichen Lernens von Anfang an.

Die Beobachtung geschieht zu Hause durch die Eltern und durch die ErzieherInnen in der Einrichtung. Die Dokumentationen aller Beobachtungen werden zusammen getragen. Gibt es Anzeichen für das Schema eines Kindes, werden daraus Angebote entwickelt, welche die Schemata des Kindes wiederum unterstützen und fördern sollen. Hilfreich ist dabei die Nutzung der PLOD –Tabelle. PLOD bedeutet Possible Lines of Direction. Deren Ziel ist es, dem Kind umfassende und vielseitige Angebote zu machen.

Für mehrere Kinder mit unterschiedlichen Schemata wird ein Angebot geplant, welches den Mittelpunkt der Grafik bildet (vgl. folgende Seite). Rundherum sind die sechs Entwicklungslinien angeordnet: 1) Personale, emotionale und soziale Entwicklung; 2) Kommunikation, Sprache, Schrift, Lesen; 3) Mathematik; 4) die Welt verstehen; 5) physische Entwicklung und 6) kreative Entwicklung. Im äußeren Kreis wird beschrieben, welche Lernmöglichkeiten sich aus dem Angebot entlang der Entwicklungslinien ergeben. Diese werden individuell auf die Schemata der einzelnen Kinder orientiert.

Eine individuelle Förderung und Unterstützung der Schemata des Kindes ist günstig, um die Kinder zu motivieren, „highly involved" zu lernen. Kinder können ihre Entwicklungsressourcen nur nutzen, wenn sie sich wohl fühlen. Die Engagiertheit der Kinder resultiert daraus. Wenn Eltern und Betreuer wahrnehmen, wie engagiert, interessiert und hoch motiviert ein Kind bei der Sache ist, hilft dies auch ihnen, die Motivation für ein weiteres Interesse an der Entwicklung des Kindes aufrecht zu erhalten. Außerdem ist es dann für den Beobachter leichter, Schemata zu identifizieren (Hebenstreit-Müller 2002).

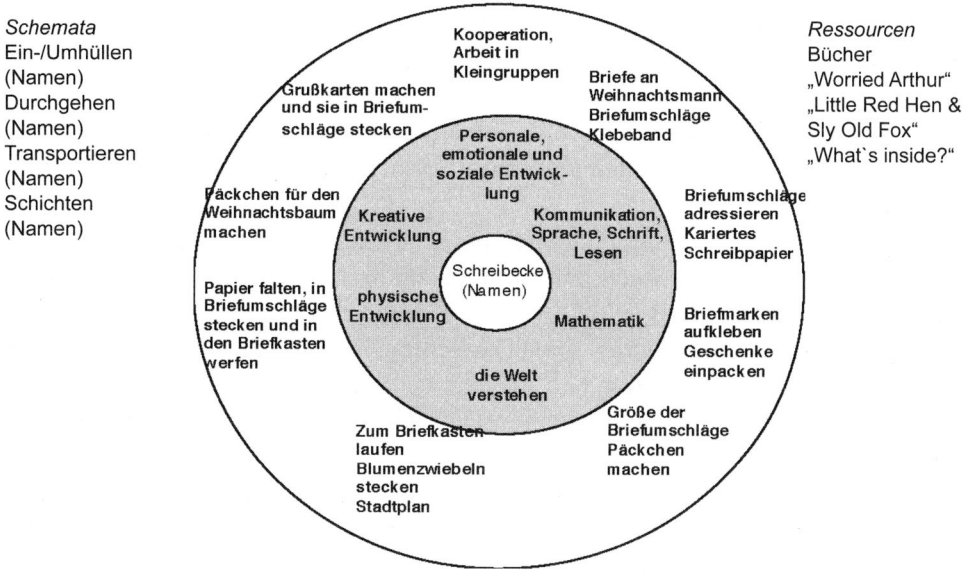

Beispiel einer PLOD- Tabelle (aus: Bruce 1997, S. 154)

7. Engagiertheit und Wohlbefinden

Die Auseinandersetzung mit der Umwelt erfolgt nicht nur durch physische, sondern auch durch geistige Aktivität.

Ein Optimum wird erreicht, wenn die Konzentration von selbst erfolgt, die Anforderungen genau dem entsprechen, was das Kind fordert, es aber nicht unter- bzw. überfordert. Das Zeiterleben wird in den Hintergrund gedrängt, der Handlungsablauf ist flüssig und das Kind geht in seiner Tätigkeit auf. Dieser Zustand wird Flow- Erlebnis genannt. Zwei Variablen tragen zu diesem Erlebnis eines Kindes bei: Die Engagiertheit und das Wohlbefinden. Das Wohlfühlen ist die Voraussetzung für eine hohe Engagiertheit, welche wiederum ein Indiz für den stattfindenden Entwicklungsprozess ist. Beide Ausprägungen werden im Pen Green Centre bei der Beobachtung dokumentiert. Es geht nicht darum, wie und mit welchem Material sich das Kind beschäftigt, sondern in welcher Qualität die Beschäftigung stattfindet. Für Engagiertheit und Wohlbefinden gibt es bestimmte Indizien.

Engagiertheit

Für die Engagiertheit eines Kindes in einer bestimmten Situation gibt es neun Merkmale. Laevers (1997) hat diese in die Form einer Skala gebracht: die Leuvener Engagiertheits-Skala für Kinder. Die Engagiertheit eines Kindes lässt sich anhand einer fünfstufigen Skala beschreiben: 1.) keine Aktivität; 2.) häufig unterbrochene Aktivität; 3.) mehr oder weniger andauernde Aktivität; 4.) Aktivität mit intensiven Momenten; 5.) anhaltend intensive Aktivität. Bei der Beobachtung der Schemata soll vermerkt werden, wie stark die einzelnen Merkmale ausgeprägt sind. Nicht alle Anzeichen müssen dabei zugleich erfüllt sein:

1. *Konzentration*: Der Blick des Kindes ist auf den kleinen Bereich seiner Aktivität gerichtet. Nichts und niemand kann das Kind aus der Ruhe bringen oder stören.
2. *Energie*: Die Begeisterung, Hingabe oder den Eifer kann man sehr gut an physischen Merkmalen erkennen. Die Wangen sind rot, das Kind schwitzt, es redet laut oder schnell.
3. *Komplexität und Kreativität*: Das Handeln geht über das Routineverhalten hinaus. Soziale und kognitive Fähigkeiten werden in diesen Momenten optimal genutzt. Oft geht die Komplexität auch mit der Kreativität einher, das Handeln bekommt eine persönliche Note.
4. *Gesichtsausdruck, Körperhaltung*: Die Haltung und die nonverbalen Zeichen zeigen genau, ob ein Kind träumt oder konzentriert bei der Sache ist. Eine gewisse Körperspannung ist erkennbar.
5. *Ausdauer*: Ein Kind vergisst in diesen Situationen das Zeitgefühl. Wenn Kinder engagiert mit etwas beschäftigt sind, können sie sehr ausdauernd sein. Das Kind lässt sich durch nichts ablenken, auch nicht durch Lautstärke oder andere Personen.
6. *Genauigkeit*: Engagierte Kinder zeigen eine Vorliebe fürs Detail. Sie verschönern und handeln ganz genau und sorgfältig.
7. *Reaktion*: Dieses Merkmal zeigt die Motivation des Kindes. Es ist extrem aufnahmefähig und wissbegierig für neue Stimuli, kann dann auf diese schnell reagieren und sie umsetzten.
8. *Verbale Äußerungen*: Oft drücken Kinder ihre Freude an der Aktivität über die Sprache aus. Sie erzählen wie stolz sie sind, was sie entdecken, erleben oder dass ihnen etwas Spaß macht.
9. *Zufriedenheit*: Engagierte Kinder zeigen in ihrer Aktivität eine hohe Zufriedenheit mit sich selbst und mit dem, was sie erreicht haben (Laevers 1997).

Wohlbefinden

Ein Kind kann nur engagiert sein, wenn es sich in seiner Umgebung wohl fühlt, ihr vertraut und eine emotionale Geborgenheit erfährt. Das emotionale Wohlbefinden wird erreicht, wenn das Kind optimal mit seiner Umwelt in Kontakt treten kann.

Ein Kind bringt seine eigenen Bedürfnisse und Gefühle zum Ausdruck, es hat die Fähigkeit sich selbst wahrzunehmen. Für einen hohen ‚Wohlfühlgrad' des Kindes müssen bestimmte Voraussetzungen gegeben sein (Basic needs).
1. körperliche Bedürfnisse,
2. Gefühle, Wärme, Geborgenheit,
3. Sicherheit, Kontinuität, Klarheit,
4. Anerkennung, Respekt,
5. die Erfahrung des eigenen kompetenten Selbst,
6. das Wissen, dass man sich moralisch richtig verhält.

Es gibt eine Reihe von Anzeichen für den ‚Wohlfühlgrad' des Kindes. Nicht alle treten gleichzeitig und in voller Form auf. Es gibt viele Ausdrucksmöglichkeiten für das „Wohlfühlen".

Einige sollen hier beschrieben werden.
1. *Offenheit/Aufgeschlossenheit*: Ein Kind, das aufgeschlossen seiner Umwelt gegenüber reagiert, kann non-verbale und verbale Zeichen seines Gegenübers wahrnehmen und deuten. Es hat keine Angst vor neuen Personen oder Situationen, es zeigt ein Bedürfnis, diese zu erkunden und zu erfahren.
2. *Flexibilität*: Ein Kind, das sich wohl fühlt, reagiert sofort auf seine Umwelt. Es stellt sich schnell auf neue Situationen ein und lässt sich durch Unvorhergesehenes nicht oder nur kurz aus der Fassung bringen. Es reagiert flexibel und ist gewillt, Alternativen zu finden.
3. *Selbstwertgefühl und Selbstbewusstsein*: Das Kind hat ein angemessenes Gefühl von Selbstbewusstsein. Es kann seine Gefühle und Gedanken ausdrücken und weiß sich bemerkbar zu machen. Es denkt nicht lang über Fehler nach und führt diese auch nicht auf die eigene Person zurück (ich bin wertlos).
4. *Fähigkeit, sich selbst zu behaupten und zu verteidigen*: Das Kind steht für seine Rechte ein und lässt sich nicht von anderen überrollen. Es verteidigt sich selbst und sein selbst Geschaffenes.
5. *Vitalität*: Das Kind sprüht vor Energie und Lebensdrang. Es hat glänzende offene Augen, keine hängenden Schultern und sitzt aufrecht. Das Kind macht einen fitten, wachen und energischen Eindruck.
6. *Entspanntheit und innere Ruhe*: Trotz des energischen und wachen Eindrucks sieht das Kind immer entspannt aus. Die Körperhaltung ist nicht angespannt, die Bewegungen sind flexibel und weich. Es läuft und spricht nicht hastig. Kinder, die sich wohl fühlen, sind trotz ihrer Aktivität in sich ruhend.
7. *Freude*: Das Kind zeigt authentische Freude. Es fängt spontan an zu singen, lächelt oft und hat strahlende Augen. Manche Kinder genießen ihre Freude auch in Ruhe, ganz für sich selbst.
8. *Einen Kontakt zu sich selbst haben*: Das Kind kennt genau seine Bedürfnisse, Gefühle und Wünsche. Negative Gefühle werden konstruktiv genutzt. Es steht zu sich selbst und ist mit sich „im Reinen" (Laevers 1997).

Beide Skalen, die Engagiertheits- und die Wohlfühlskala, geben Aufschluss darüber, wie es dem Kind geht, welche Erfahrungen es macht, was es interessiert, wie es agiert und reagiert. Es ergibt sich die Möglichkeit, die Perspektive des Kindes zu übernehmen und für seine Bedürfnisse sensibel zu werden. Der kindzentrierte Ansatz der Skalen geht von einem selbstbestimmten, kompetenten, aktiven Kind aus. Jedes Kind verfolgt individuelle Lernprozesse, die dadurch entdeckt und gefördert werden können (Ulich / Mayr 1996).

8. Schlussbetrachtung

Die Beschreibung von kindlichen Bildungsprozessen kann auf unterschiedliche Weise erfolgen. Eine Möglichkeit bietet sich mit Hilfe der Schema-Theorie. Sie schafft ein Vokabular, um sich über Bildungsprozesse auszutauschen. Auch Piaget beschreibt Schemata als Verhaltensmuster des Kindes, um sich die Welt anzueignen. Tina Bruce, die Mitbegründerin der Schema-Theorie, geht noch weiter, indem sie von Aneignungsprozessen in Form von Schemata spricht, die durch das ganze Leben hindurch stattfinden. Die Theorie findet schon seit mehreren Jahrzehnten ihre Anwendung im Pen Green Centre. Zusätzlich hat die Einrichtung den Schwerpunkt Elternarbeit. Beide - Eltern und Erzieher/innen - beobachten die Kinder mit der Schema-Theorie im „Hinterkopf". Zusätzlich gilt es als Qualitätsmerkmal, die Engagiertheit des Kindes zu fördern, was nur im Zusammenspiel mit dem Wohlbefinden des Kindes gelingt. Wenn beide stark ausgeprägt sind, kann das Kind seine Schemata austesten, anwenden und weiterentwickeln. Die Erzieher/in kann Schemata in diesen Situationen leichter beobachten. Daraufhin kann sie dem Kind bessere Angebote unterbreiten, damit dieses wiederum seine Aneignungsprozesse verstärken kann.

Die Schema-Theorie kann sicher keine Aufklärung über kindliche Bildungsprozesse leisten. Sie ist *eine* Idee, wie Kinder sich die Welt aneignen. Sie kann aber als Grundlage zur Beobachtung von Kindern gesehen werden, die wichtig ist, um den Ansprüchen einer gezielten Förderung gerecht zu werden.

9. Literatur

Arnold, C. (2000): Pen Green Centre- a learning environment for young children and their families. In: H. Colberg-Schrader; P. Oberhuemer (Hrsg.): Qualifizieren für Europa -Jahrbuch 5 des PFV. Baltmannsweiler: Schneider Verlag Hohengehren

Athey, C. (1990): Extending Learning: A Parent-Teacher Partnership. London: Paul Chapman Publishing

Bruce, T. (1997): Early Childhood Education. London: Hodder & Stroughton

Bruce, T. (2002): All about Schemas. In: Nursery World. 06. Juni 2002. S. 15-22

Gloger-Tippelt, G. (2002): Kindheit und Bildung. In: Tippelt, R. (Hrsg.): Handbuch Bildungsforschung. Opladen: Leske & Budrich. S. 477-494

Hebenstreit- Müller, S. (2002): Organisationsentwicklung im Dialog. In: Lipp-Peetz, C.; Wagner, I. (Hrsg..): Bildungsort und Nachbarschaftszentrum Kindertageseinrichtungen im zweiten Jahrzehnt des KJHG -Jahrbuch 7 des PFV. Baltmannsweiler: Schneider Verlag Hohengehren. S. 149-159

Hebenstreit-Müller, S.; Gerhold, B.; Kühnel, B. (2001): Pen Green in Berlin. Klein & Groß. Nr. 2-3; S. 18-21

Jugendrecht (1999): 23. Auflg. München: Deutscher Taschenbuchverlag

Laevers, F. (1997): Die Leuvener Engagiertheits-Skala für Kinder LES-K. Leuven: Centre for Experimental Education

Laewen, H.-J. (2002): Bildung als Herausforderung in der Erziehung von Vorschulkindern Stuttgart: Landeswohlfahrtsverband Württemberg-Hohenzollern

Miller, P. (1993): Theorien der Entwicklungspsychologie. Heidelberg, Berlin, Oxford: Spektrum Akademischer Verlag

Montada, L. (1998): Die geistige Entwicklung aus der Sicht Jean Piagets. In: Oerter, R.; Montada, L. (Hrsg.): Entwicklungspsychologie. Weinheim : Psychologie Verlagsunion. S. 518-560

Northolt, A. (2003): Bildung von Anfang an. Erkenntnisse der Kognitions- und Säuglingsforschung und die Folgen für den Alltag in Kindertageseinrichtungen. In: Blätter der Wohlfahrtspflege, 150(1), S. 11-13

Pen Green Centre (2002): A Schema Booklet for Parents and Carers. Corby: unveröffentlicht

Piaget, J. (1969a): Das Erwachen der Intelligenz beim Kinde. Stuttgart: Ernst Klett Verlag

Piaget, J. (1969b): Nachahmung, Spiel und Traum. Stuttgart: Ernst Klett Verlag

Piaget, J., Bringuier, J.-C. (1996): Im Allgemeinen werde ich falsch verstanden. Hamburg: Europäische Verlagsgesellschaft

Schäfer, G. (1995): Bildungsprozesse im Kindesalter. Weinheim, München: Juventa Verlag

Schäfer, G. (1999): Frühkindliche Bildungsprozesse. Herausforderungen einer Pädagogik der Frühen Kindheit. In: Neue Sammlung - Vierteljahres-Zeitschrift für Erziehung und Gesellschaft, 39(2), S. 213-226

Ulich, M.; Mayr, T. (1996): Engagiertheit und emotionales Wohlbefinden. Eine neue Perspektive für die pädagogische Arbeit?. In: Kindergarten heute, 26(6), S. 3-9

Whalley, M. (1997): Working with Parents. London: Hodder & Stoughton

Schemata – kindliche Verhaltensmuster
Eine Informationsbroschüre für Eltern und Erzieher/innen

Pen Green Centre Team[1]

Kinder tun manchmal Dinge, die Erwachsenen rätselhaft erscheinen:

Weshalb tragen sie Sand in Papiertüten herum?

Weshalb schieben sie einen leeren Kinderwagen vor sich her?

Weshalb stecken sie ein Stück Kuchen in den Videorecorder? (Das haben wir tatsächlich beobachtet!)

Jedes Jahr haben wir im Kindergarten eine Anzahl Kinder, die alles zusammenbinden wollen. Sie binden den Erzieherinnen die Beine zusammen, binden Türklinken fest und nehmen uns gefangen, indem sie uns an Bäumen festbinden. Überall finden wir kleine Päckchen und Pakete, Teigkrümel, in Papiertücher eingewickelt und Kinder, die viel Zeit damit verbringen, Bücher einzupacken.

Andere Kinder wollen scheinbar immer nur alles ausschütten und herumwerfen, z.B. sämtliche Lego-Steine auf den Boden ausschütten. Dieses Verhalten erscheint uns zum Teil merkwürdig, zum Teil ist es auch äußerst lästig.
Aber als ein Experte auf dem Gebiet des Kinderspiels mit den Eltern und Mitarbeiterinnen zum Thema Schema arbeitete, erschien uns vieles, was wir zuerst merkwürdig oder irritierend fanden, auf einmal sinnvoll.

Was ist eigentlich ein Schema?

Als wir uns näher anschauten und analysierten, was Kinder mit den Materialien im Kindergarten anstellten, fanden wir, dass sie oft ein bestimmtes Muster in ihrem Spiel hatten.

Ein Schema ist vereinfacht ausgedrückt ein Verhaltensmuster.
Wir können diese Verhaltensmuster herausfinden, indem wir die Kinder genau beobachten.
Es gibt etwa 36 verschiedene Verhaltensmuster. Wir wissen zwar nicht alles über sämtliche dieser Muster, aber wir haben Bücher, in denen man sich informieren kann.

---

[1] Übersetzt von Wolfgang Dohrmann

Hier nun einige Beispiele der häufigsten Verhaltensmuster, die wir in der Kita sehen und einige, von denen uns Eltern berichten, dass sie sie zu Hause beobachten.

GERADE LINIEN (Trajectory)

Dies ist eines der frühesten und am meisten verbreiteten Verhaltensmuster, das wir kennen. Schon ganz kleine Babys haben es, und es ist einer der Gründe, weshalb sie es lieben, Dinge aus ihrem Kinderstühlchen fallen zu lassen (und als Eltern haben wir es satt, sie endlos wieder aufzuheben!

Gerade Linien können von oben nach unten oder auch quer verlaufen.

Einige von diesen Verhaltensweisen, die wir aus dem Kindergarten kennen, sind:
- viel Zeit im Waschraum mit fließendem Wasser verbringen (eine „fließende Linie")
- von einem Klettergerüst oder Möbelstück herabspringen
- Linien zeichnen oder malen
- Autos hin- und herschieben
- aus Autos, Steinen oder Spielfiguren Linien bilden
- Pfade anlegen
- einen Ball hüpfen lassen
- einen Einkaufswagen oder Puppenwagen von A nach B schieben (oft ohne Einkäufe oder Puppe – sie wollen nur etwas herumschieben)
- beim Fegen, Staub wischen, Aufwischen helfen wollen

EINWICKELN (Enveloping)

Dinge oder sich selbst zudecken oder einwickeln

Wickelt sich Ihr Kind gerne mit dem Badetuch ein?

Wickelt es Geschenke für Sie in Toilettenpapier ein?

Wickelt es Puppen oder Teddys in Decken ein?

Hüllt es sich gerne in ein großes Laken und erschrickt es Sie als Geist?

Nimmt es gerne Ihre Schuhe, Tücher, Hüte zum Verkleiden?

Füllt es gerne allerlei Dinge aus dem Haus in Tüten?

Dann könnte er oder sie ein „Einwickler" sein!

Schlafsäcke sind z.B. wunderbar für „Einwickler" !!

KREISE (Rotation)

Ein Kind, dessen Schema „Kreise" sind, wird gerne.....

...einem Ventilator zuschauen

...der Waschmaschine bei der Arbeit zusehen

...Hubschrauber beobachten

...Kreise malen

...mit einem Kreisel oder Kaleidoskop spielen

...mit Spielzeug spielen, an dem sich etwas dreht oder das Räder hat.

TRANSPORTIEREN (Transporting)

Kinder mit diesem Verhaltensmuster tragen alles im Haus herum und sorgen für ständige Unordnung in Ihrer Wohnung.
Wenn Sie solch ein Kind in der Wohnung haben, wird nie etwas am gewohnten Platz sein.

Die „Transporteure" im Kindergarten sind bei folgenden Aktivitäten zu beobachten:

Sie sind Möbelpacker und tragen alle Möbel aus der Sitzecke durch den ganzen Kindergarten.

Sie sind Busfahrer und fahren alle ans Meer – und manchmal auch wieder zurück.

Sie transportieren Sand in die Wohnecke.

Sie tragen draußen Bretter und Ziegelsteine herum.

VERBINDUNGEN (Connections)

Sind Ihre Tischbeine mit Schnur zusammen gebunden?

Bindet Ihr Kind die Türklinken fest?

Hat Ihr Kind Interesse an Spielzeugeisenbahnen, und besonders daran, die Waggons zusammenzukoppeln?

Mag Ihr Kind Konstruktionsbaukästen, bei denen Einzelteile zusammengesteckt oder geschraubt werden?

Dann könnte eines ihrer/seiner Verhaltensmuster „Verbindungen" heißen!

Einige Kinder haben ein einziges, klar ausgeprägtes Schema, andere scheinen eine Vielzahl davon zu haben. Wenn Sie wissen, welches Schema oder Verhaltensmuster Ihr Kind besitzt, können Sie vieles von dem, was Ihr Kind tut, besser verstehen:

Weshalb die große Pappschachtel, in die man hinein kriechen kann, interessanter ist als das teure Geschenk, das darin war. (Enclosure Schema - Einzäunen, Einfassen)

Warum eine Rolle Bindfaden für einen Euro ein besserer Kauf ist als ein Puppenwagen für fünfzig Euro. (Connection Schema - Verbinden)

Warum Sie niemals die Autoschlüssel finden können, weil Ihr Kind sie in irgendeiner Tüte versteckt hat. (Enclosure Schema - Einzäunen, Einfassen)

Warum Ihr Kind im Badezimmer gerne Überschwemmungen anrichtet. (Trajectory Schema - gerade Linien)

Warum es Ihnen immer beim Aufwischen helfen will. (Linien)

Warum die Waschmaschine interessanter ist als der Fernseher. (Rotation Schema -Kreise, Rotation)

Nachdem wir diese Schemas oder Verhaltensmuster im Kindergarten verstanden hatten, fiel es uns leichter, bestimmte Dinge bei den Kindern zu verstehen und Aktivitäten zu planen, die ihren Bedürfnissen entsprechen und ihre Erfahrungsmöglichkeiten erweitern. Wir geben jetzt mehr Geld für Bindfaden und Tesafilm aus und verbringen mehr Zeit damit, Pappkartons zu sammeln.

Schemas - und was folgt daraus?

Wie können wir unsere Kenntnisse der kindlichen Schemas dazu nutzen, um ihr Lernen zu erweitern?

Ein Beispiel: Jacob im Kindergarten

Als Jacobs Family Worker seine Familie zum ersten Mal besuchte, bevor er in den Kindergarten kam, und seine Eltern nach seinem Lieblingsspielzeug fragte, war die Antwort BINDFADEN.
Seit er ein Kleinkind war hatte er damit am liebsten gespielt.

Wir sorgten dafür, dass es an Jacobs erstem Tag in der Kita eine Menge verschiedener Schnüre und Bindfäden gab. Bald begann er dann auch, zu erforschen, was er im Kindergarten damit alles machen konnte.

Bald verwendete er Bindfaden auf viele unterschiedliche Arten:

- um die Länge des Korridors auszumessen (Mathematik)

- um sie um die Bäume zu wickeln und sie durch Pfade zu verbinden (Erdkunde).

Das Angeln kannte er bereits von seinem Großvater.
Mit der Zeit lernte er auch, richtig gute Knoten zu machen. Damit konnte er zwischen den Bäumen Schnüre für Hochsprungübungen spannen.

Seine Erfahrung beim Anlegen von Pfaden half ihm, einen genauen Wegeplan vom Kindergarten nach Hause zu zeichnen.

Es gibt noch viel mehr Schemas, aber wir können hier gar nicht alles aufschreiben. Aber wir haben viel gelesen, was andere darüber geschrieben haben. Wenn Sie mehr wissen wollen, sprechen Sie mit Ihrem Family Worker oder kommen Sie zu einer Fortbildung zu diesem Thema. Die beste Möglichkeit, etwas darüber heraus zu finden, ist, Ihr Kind zu beobachten!

Ein neuer Blick auf die Kinder
Entwicklung der Beobachtungssystematik im Kinder- und Familienzentrum
(mit zwei Beobachtungsbögen)
Barbara Kühnel

1. Einleitung

2. Unsere Beobachtungsmethode

3. Fokus der Beobachtung

4. Beobachtungsdauer

5. Umgang mit den gemachten Beobachtungen

6. Implementieren durch Fortbildung

7. Fortbildungsinhalte

8. Beobachtungsbögen

1. Einleitung

Für die Entwicklung des Beobachtungssystem für das Kinder- und Familienzentrum wurde die Arbeit in der Nursery des Early Excellence Centres Pen Green, Corby, zu Grunde gelegt. Das Centre ist der Kooperationspartner des Pestalozzi-Fröbel- Hauses. Die in Corby, UK, durchgeführten Beobachtungen der Kinder sind u.a. in Anlehnung an das Material von Ferre Laevers[1] entwickelt worden.
Oben genanntes Material bezieht sich auf einen erfahrungsorientierten Ansatz, der von der Universität Leuven erarbeitet wurde. „Kinder sind aktiv und lebendig. Sie drängen darauf, ihre Welt zu entdecken. Die Beobachtung zielt auf die Engagiertheit und das emotionale Wohlbefinden des Kindes, es ist Ausgangslage für die pädagogische Arbeit"[2]. Unabhängig von dem jeweiligen pädagogischen Konzept der verschiedenen Einrichtungen können beide Aspekte – Engagiertheit und Wohlbefinden – bei jedem Kind beobachtet und zum Ausgangspunkt des pädagogischen Handelns genommen werden.

---

[1] Laevers, Ferre: Beobachtung und Begleitung von Kindern, Centre für Experimental Education Leuven, Belgien, 1999

Die Beobachtung setzt **an den Stärken der Kinder** an und ist damit ein ressourcenorientiertes Instrument.

Regelmäßige und gezielte Beobachtungen sind notwendig, damit Erzieher/innen Kinder in ihren Bildungsprozessen gezielt unterstützen können. Kinder sind durch ihre individuelle Lebenswelt mit unterschiedlichsten Themen, Inhalten und damit verbunden eigenen Aneignungsprozessen beschäftigt. Sie haben individuelle Entwicklungsgeschwindigkeiten. In der Aneignung der Welt brauchen sie die Unterstützung von Erzieher/innen, die das jeweilige Schema und Thema des Kindes erkennen und sie mit geeignetem Material in diesem Prozess unterstützen.

Jedes Kind hat ein Recht, beobachtet zu werden.

Alle Kinder werden von de(r)m Erzieher/in in regelmäßigen Abständen beobachtet.

2. Unsere Beobachtungsmethode

Unser Beobachtungsbogen beruht auf den Grundaussagen der Leuvener Skala. Wir haben einen Beobachtungsbogen entwickelt, der den Fokus der Beobachtung auf die Engagiertheit und das Wohlbefinden des Kindes setzt. Auf der Grundlage der Beobachtungen werden die **Schemata** des Kindes herausgefunden.[3] Die Schemata zeigen die Verhaltensmuster, denen das Kind wie auf einem inneren roten Faden bei der Aneignung der Welt folgt.

Die Mitarbeiter/innen des Kinder- und Familienzentrums hatten seit Sommer 2001 zwei Jahre Gelegenheit, Erfahrungen mit dem ersten Beobachtungsbogen (s. Anlage 1) zu sammeln.

Der durch die Beobachtungen geschärfte Blick der Erzieher/innen verlangte eine noch genauere Datenerhebung. Die Bildungsbereiche, mit denen sich das Kind befasst, wurden durch die Systematik dieses Beobachtungsbogens nicht erhoben. Deshalb wurden die Bildungsbereiche aus dem Berliner Bildungsprogramm ab Sommer 2003 ebenfalls in den Beobachtungsbogen (s. Anlage 2) aufgenommen. Darauf aufbauend können die **Themen** der Kinder herausgefiltert werden

Wenn wir davon ausgehen, dass die Bildung des Kindes ein aktiver, sozialer und sinnlicher Prozess der Aneignung von Welt ist, wird man diesen Prozess in Bezug auf unser Beobachtungsmodell wie folgt wieder finden.

Bildung ----- als aktiver Prozess des Kindes
Bildung ----- als soziale Praxis des Kindes

---

[2] ebenda, Seite 1 und 2
[3] siehe dazu in diesem Band: Wilke, F.: Schemata. Eine Theorie kindlicher Bildungsprozesse

Die Erzieherin beginnt die Beobachtung, wenn das Kind sich in einem selbst gewählten aktiven Prozess befindet. Damit wählt die Erzieherin den Zeitpunkt und die Situation selbst aus. Die anderen Kolleginnen wählen auch auf diesem Hintergrund, die zu beobachtende Situation aus.

Bildung ----- als sinnliche Erkenntnistätigkeit des Kindes

Der Beobachtungsbogen nimmt diesen Prozess unter der Überschrift „Engagiertheit" auf.

Bildung ----- als lustvolles Geschehen

Der Beobachtungsbogen nimmt diesem Prozess unter der Überschrift „Wohlbefinden" auf.

Durch das Beobachtungssystem wurde eine **Haltungsänderung der Erzieherinnen** erreicht. Sie sind überzeugt, dass jedes Kind ein Recht auf eine an den eigenen Stärken und Ressourcen ansetzende Beobachtung hat. Dadurch werden Kinder anders wahrgenommen – positiver, ernsthafter, wohlwollender - und sie beantworten es, indem sie weniger „anstrengend" sind.

3. Fokus der Beobachtung

Es wird von allen Erzieher/innen einer Abteilung ein- und dasselbe Kind an zwei Tagen in der Woche beobachtet. Die Beobachtungssituation wählt die Erzieherin aus, im Mittelpunkt steht das selbstständige Handeln des Kindes, in das es vertieft ist. Die Erzieherin beschreibt wertfrei die beobachtete Situation und dokumentiert sie schriftlich im standardisierten Beobachtungsbogen.

4. Beobachtungsdauer

Die Beobachtungsdauer beträgt 10 Minuten pro Tag für ein Kind pro Erzieherin.

5. Umgang mit den gemachten Beobachtungen

Der ausgefüllte Beobachtungsbogen liefert die Grundlage in den wöchentlich stattfindenden Teamsitzungen der Erzieher/innen. Im Kreisgespräch werden die gemachten Beobachtungen vorgelesen. Das Beobachtungsdokument bietet die Chance, gemeinsam über das einzelne Kind in den Austausch zu treten (pro Woche werden zwei Kinder in einer Abteilung beobachtet und besprochen). Aus den vorgetragenen Beobachtungssituationen werden Schemata, Themen, Spielpartner und Bildungsbereiche des Kindes gefiltert und dokumentiert. Gemeinsam entwickeln die Erzieher/innen Ideen und Vorstellungen und konkrete Angebote, die die zuständige Family Worker für dieses Kind möglichst zeitnah umsetzen sollte. Das Interesse und selbstständige Tun des Kindes gilt es zu unterstützen. Durch entsprechende „Zumutungen" im Sinne von Erweiterung des Wissens über diese Welt werden die Kinder unterstützt.

6. Implementierung durch Fortbildungen

Da bisher unterschiedliche Beobachtungssysteme in den verschiedenen PFH-Einrichtungen existieren, ist für die Implementierung der nachfolgenden Fortbildungsinhalte eine auf die besonderen Bedürfnisse und Ausgangssituation der jeweiligen Einrichtung abgestimmte Zeitplanung notwendig.

7. Fortbildungsinhalte

- Information zur Arbeit in der Nursery im Early Excellence Centre Pen Green, Corby
- Information über die Grundlagen der Beobachtungssystematik nach der Leuvener Skala
- Einführung in die uns bekannten Schemata der Kinder
- Einführung in die Bildungsbereiche der Kinder analog zum Berliner Bildungsprogramm
- Einführung in den Beobachtungsbogen sowie in den Standard der Anwendung
- Erlernen der wertfreien, schriftlichen Dokumentation
- Übungssequenzen für die Auswertung des Beobachtungsbogens
- Sicherung von Besprechungszeiten der Teams in den jeweiligen Einrichtungen

Diese Fortbildungsinhalte werden mit unterschiedlichen Methoden vermittelt. Informationen über das Programm des Early Excellence Centres, über die Beobachtungssystematik nach Leuvener Skala, die Schemata und deren Bedeutung für das Verstehen der kindlichen Entwicklung und die Bildungsbereiche werden in Form von Inputs transportiert.

Die Einführung in den Beobachtungsbogen und den Standard der Anwendung erfolgt im Team einer Einrichtung. Das Erlernen von wertfreier Beobachtung und die schriftliche Dokumentation, sowie die Gesprächsrunden, das Herausfinden von Schemata, den Bildungsbereichen und den daraus folgenden Angeboten für das einzelne Kind bedarf einer zeitlich engen Beratung der Erzieher/innen.

Unser Beobachtungssystem erlaubt einen Transfer der Ergebnisse unseres Projektes auf die Berliner Kindertagesstätten, die sich am Bildungsprogramm zukünftig orientieren sollen.

Zugleich werden die Erfahrungen des Modells auf alle 10 weiteren Kindertagesstätten des PFH übertragen.

Name: .... Erzieherin: .... Datum: .... Zeit: ....

	n	m	h	**Spielbereich**genaue Beobachtung bezogen auf Wohlbefinden und Engagiertheit *(unter Berücksichtigung von wörtlicher Rede, Mimik, Körpersprache, Beziehungen)*
Emotionales Wohlbefinden Flexibilität				
Selbstvertrauen				
Entspannung und innere Ruhe				
genießen können				
Engagiertheit Konzentration				
Kreativität				
Ausdauer				
Reaktionsbereitschaft				
verbale Äußerung von Zufriedenheit				

Name: .... Erzieherin: .... Dokument:.............. Datum: .... Zeit: ....

	n	m	h	Spielbereich genaue Beobachtung bezogen auf Wohlbefinden und Engagiertheit *(unter Berücksichtigung von wörtlicher Rede, Mimik, Körpersprache, Beziehungen)*	Fokus desBeobachtung
Emotionales Wohlbefinden					Körper/Bewegung
Flexibilität					
Selbstvertrauen					Soziale Beziehungen
Entspannung und innere Ruhe					
genießen können					Sprache/Kommuni-kation
					Bildnerisches Gestalten
Engagiertheit					
Konzentration					Musik
Kreativität					
Ausdauer					
Reaktionsbereitschaft					Mathematisch / na-turwissenschaftliche Grunderfahrungen
verbale Äußerung von Zufriedenheit					

© Pestalozzi- Fröbel-Haus / Abt.. Kinder- und Jugendhilfe/ Kinder- und Familienzentrum Schillerstr./ Stand 6/ 2003   **Anlage 2**

Beispiele: Wohlbefinden, Engagiertheit, Schemata
aus dem Kinder- und Familienzentrum-Schillerstraße

Wohlbefinden (Well Being)

1. Entspannung und innere Ruhe

An Körperhaltung, Bewegungen, Sprachtempo und Stimmvolumen sind Entspannung und innere Ruhe zu erkennen. „Kinder, die sich wohlfühlen, machen einen entspannten, aber gleichzeitig auch vitalen Eindruck." (*Laevers 1999*)

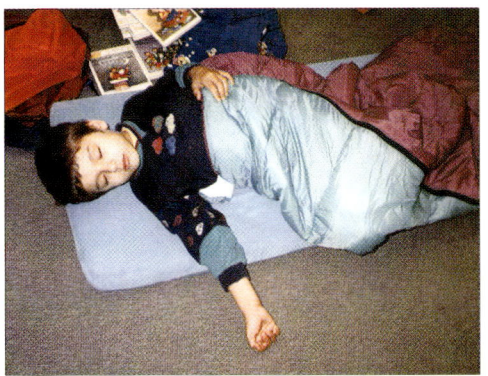

Abb. 1   *Abb. 2*

2. Genießen können

Ein Kind, das sich wohl fühlt, macht einen frohen und glücklichen Eindruck. „Es genießt sein Dasein ohne Einschränkungen." *(Laevers 1999)*

Abb. 3

3. Selbstvertrauen und Selbstwertgefühl

Dies äußert sich z.B. in Experimentierlust und dem Annehmen von Herausforderungen. Ein Kind traut sich die Konfrontation mit unbekannten Dingen zu und nimmt das Risiko zu scheitern in Kauf. Emotionales Wohlbefinden ist ein Indikator für stattfindende Entwicklungsprozesse bei einem Kind.

Abb. 4

4. Flexibilität

Ein Kind setzt sich mit neuen Anforderungen auseinander und findet sich auch in ungewohnten Situationen zurecht. Es kann konstruktiv mit Problemen und Frustrationen umgehen.

Abb. 5   *Abb. 6*

Engagiertheit (Involvement) - am Beispiel der Bauecke

1. Konzentration:

Der Blick des Kindes ist auf den kleinen Bereich seiner Aktivität gerichtet. Nichts und niemand kann das Kind aus der Ruhe bringen oder stören.

Abb. 7

Abb. 8

2. Energie:

Die Begeisterung, Hingabe oder den Eifer kann man sehr gut an physischen Merkmalen erkennen. Die Wangen sind rot, das Kind schwitzt, es redet laut oder schnell usw.

Abb. 9

Abb. 10

3. Komplexität und Kreativität:

Das Tun geht über das Routineverhalten hinaus. Soziale und kognitive Fähigkeiten werden in diesen Momenten optimal genutzt. Oft geht die Komplexität auch mit der Kreativität überein (persönliche Note).

Abb. 11 *Abb. 12*

4. Gesichtsausdruck, Körperhaltung:

Die Haltung und die nonverbalen Zeichen zeigen genau, ob ein Kind träumt oder ganz konzentriert bei der Sache ist. Eine gewisse Körperspannung ist erkennbar.

Abb. 13

5. Ausdauer:

In diesen Situationen verliert ein Kind das Zeitgefühl. Wenn Kinder engagiert mit etwas beschäftigt sind, können sie sehr ausdauernd sein. Das Kind lässt sich durch nichts ablenken, auch nicht durch Lautstärke oder viele Kinder.

Abb.14:
J. hat an diesem Turm
45 Minuten gebaut.

6. Genauigkeit:

Engagierte Kinder zeigen eine Vorliebe für Details. Sie verschönern und hantieren ganz genau und sorgfältig.

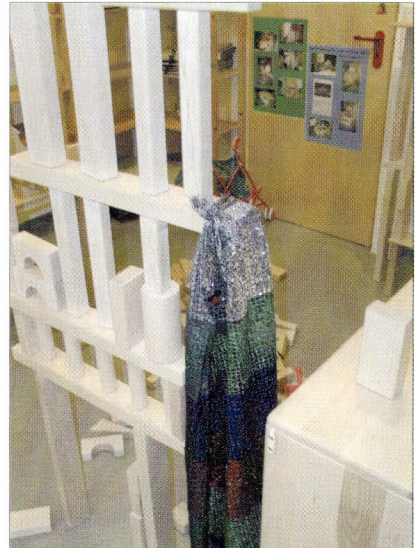

Abb. 15   *Abb. 16*

7. Reaktion:

Dieses Merkmal zeigt die Motivation des Kindes. Es ist extrem aufnahmefähig und wissbegierig für neue Stimuli und kann dann auf diese schnell reagieren und sie umsetzen.

Abb. 17: T. gibt A. Tipps zum Weiterbau

8. Verbale Äußerungen:

Oft drücken Kinder ihre Freude an der Aktivität über die Sprache aus. Sie erzählen wie stolz sie sind, was sie entdecken, erleben oder dass ihnen etwas Spaß macht.

Abb. 18

9. Zufriedenheit:

Engagierte Kinder zeigen in ihrer Aktivität eine hohe Zufriedenheit mit sich selbst und mit dem, was sie erreicht haben.

Abb. 19

Verhaltensmuster (Schemata) - Beispiele

Gerade Linien (Trajectory):

Linien (vertikal, horizontal, schräg) werden konstruiert, gemalt, in Bewegung umgesetzt.

Abb. 20   *Abb. 21*

Connections (Verbindungen):

Gegenstände miteinander verbinden, verknoten, mit Bindfaden und Seilen hantieren, Verbindungen herstellen und wieder lösen.

Abb. 22

Abb. 23

Abb. 24

Abb. 25

Container packen und füllen (Containment):

Lernmöglichkeiten, Wasser einfüllen, ausschütten, transportieren, Volumen erfahren, Schulung der Feinmotorik.

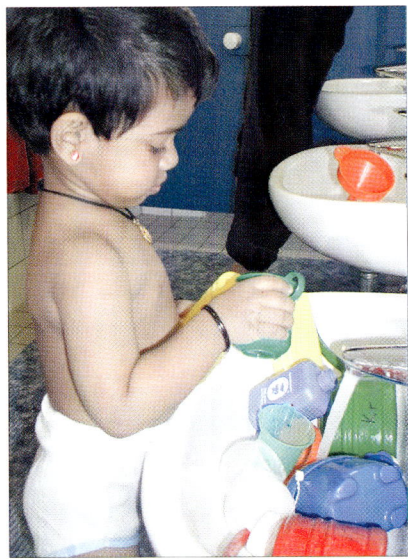

Abb. 26

Abb. 27

Einblicke in die praktische Umsetzung im Pestalozzi-Fröbel-Haus

Evaluation des Modellprojekts „Kinder- und Familienzentrum Schillerstraße" April 2002

Marianne Meinhold, Michaela Gross-Letzelter

Inhalt

1. Einleitung

Unsere Evaluationsaufgabe besteht darin, zu erkunden, zu dokumentieren und zu bewerten, in welcher Weise es gelingt, die Handlungsorientierungen, Haltungen und Arbeitsweisen des Pen Green Centres in den Kontext des Projekts „Kinder-Familienzentrum" in Berlin zu übertragen sowie diesen „Übersetzungsprozess" zu beobachten und zu unterstützen.

Im ersten Jahr der Evaluation konzentrierten wir uns insbesondere auf die Übersetzung der Prinzipien und Arbeitsweisen, soweit sie die Arbeit der Erzieher/innen vor Ort betreffen. So erörterten wir mit den zuständigen Projektinitiatorinnen deren Vorstellungen, was den Kern des Pen Green-Projekts ausmache. Ferner erhoben wir Daten zur Fortbildung, die die Erzieher/innen erhielten und erkundeten die Verarbeitung und Deutung des Fortbildungsmaterials durch die Erzieher/innen sowie die Chancen, das Gelernte in den Alltag des Kinder-und Familienzentrums zu integrieren.

Der Fokus der Evaluation dieser Phase entspricht weitgehend den Fragestellungen, wie wir sie in unserem Antrag beschrieben haben:

> ➢ Welche Leitlinien verfolgt Pen Green ? (vgl. Kap. 2.1)
> ➢ Wie verläuft der Übersetzungsprozess, d.h. wer ist für die Übersetzung zuständig ? (vgl. Kap. 2.2)
> ➢ Welche Prinzipien des Pen Green-Projekts in Corby werden den Erzieher/innen in den Fortbildungen vermittelt? Und wie wird die Fortbildung durch die Erzieher/innen verarbeitet? (vgl. Kap. 2.3)
> ➢ Welche Pen Green-bezogenen Arbeitsweisen wenden die Erzieher/innen im Kita-Alltag an? (vgl. Kap 2.4)

Insgesamt versucht der vorliegende Zwischenbericht Anworten auf die folgenden Fragen zu geben:

> ➢ Welche Ziele wurden im ersten Projektjahr erreicht?
> ➢ Welche Ereignisse und Merkmale kennzeichnen diese besondere Art eines Übersetzungsprozesses?

Neben den Beobachtungen in der Kindertagesstätte (Kita) und den Kontakten zur Gruppe der Erzieher/innen, die in drei Abteilungen[1] getrennt arbeiten, führten wir Gespräche mit der Leiterin der Kindertagesstätte, Frau Müller, und der Projekt-Koordinatorin, Frau Burdorf-Schulz. Beide haben ihren Einsatzort im Kinder- und Familienzentrum und sind somit häufig in das Geschehen vor Ort einbezogen. In der Vorbereitungsphase hatten wir außerdem mehrere Kontakte mit der Entwicklungsgruppe des Projekts, deren Aufgabe unter anderem in der Organisation der

---

[1] In der Kita Schillerstraße gibt es drei Abteilungen mit Kindern im Alter von 1,5 bis 10 Jahre

vorbereitenden Arbeiten einschließlich der Fortbildungen und der konzeptionellen Begleitung des Projekts besteht[2].

2. Ergebnisse der ersten Erhebungsphase: „Wie werden die Prinzipien und Arbeitsweisen des Pen Green-Projekts übersetzt?"

Das folgende Kapitel beschäftigt sich mit der konkreten Übersetzung der Pen Green-Prinzipien auf das Alltagsleben der Kita und deren Vorbereitung durch Gruppensitzungen, Fortbildungen und der räumlichen Umgestaltung der Kita. Wir gehen nur bedingt chronologisch vor und fassen die zentralen Ergebnisse aus den unterschiedlichen Erhebungszeitpunkten in Themenbereichen zusammen. Den Evaluatorinnen wurde von allen Beteiligten mit großer Offenheit begegnet. Insbesondere die Erzieher/innen erwarteten vom Feedback, das sie von den Evaluatorinen erhielten, Klärung und Unterstützung. Die Evaluatorinnen haben sich darum bemüht, keine die Erzieher/innen betreffende Information nach außen zu geben, bevor diese mit den Erzieher/innen diskutiert worden war.

2.1 „Was ist Pen Green?"

Da zum Zeitpunkt der Evaluationsplanung kein verbindliches Konzept für „Pen Green Berlin" vorlag, sollte erkundet werden, welchen **Leitlinien** Pen Green folgt, und zwar zunächst konzeptionell. Diese Erkundung sollte helfen, die Ziele der Evaluation zu finden, zu präzisieren und mit den Projektbeteiligten abzustimmen. Als **Datenquelle** dienen vorhandene Materialien, Gespräche mit der Entwicklungsgruppe, die Beteiligung an der Beiratssitzung und insbesondere die Diskussionsbeiträge von Margy Whalley.
Ergebnisse:
Angestrebt wird eine Verbesserung der Bildungs- und Betreuungsqualität für Kinder in Kindertagesstätten. Im Pen Green-Projekt wird dies unter anderem durch eine Aktivierung der Selbstbildungsprozesse von Kindern zu erreichen versucht. Durch individuelle Förderung als Folge von Beobachtung, Dokumentation und Austausch zwischen Erzieher/innen und Eltern werden die Selbstbildungsprozesse der Kinder unterstützt[3]

Es zeichnen sich als **längerfristige Ziele** des geplanten Projekts „Kinder- und Familienzentrum" die folgenden ab:
Angestrebt werden:
> eine Vernetzung privater und öffentlicher Erziehung
> die Gestaltung optimaler Lernumwelten zur Anregung und Förderung von Bildungsprozessen bei Kindern in der Kindertagesstätte

---

[2] Zur Entwicklungsgruppe gehören über Frau Burdorf-Schulz und Frau Müller hinaus eine Erzieherin, Frau Gerhold (Abteilungsleiterin Kinder - und Jugendhilfe), Frau Dr. Hebenstreit-Müller (Direktorin der Stiftung), Frau Kühnel (Fachberaterin).
[3] vgl. Tätigkeitsbericht zum „Kinder- und Familienzentrum Schillerstraße" 2001, unveröffentlich

- ➢ eine Integration der Arbeit mit den Eltern in die Arbeit der Kindertagesstätte
- ➢ sowie deren Erweiterung hin zu einer Vernetzung mit dem Gemeinwesen
- ➢ Praxisforschung durch Partnerschaften zwischen Eltern, Praktiker/innen und Forscher/innen.
- ➢ Schließlich sollen aus den Erfahrungen des Kinder- und Familienzentrums Wissensbestände zur Übertragung des Pen Green-Konzepts auf andere Kindertagesstätten gewonnen werden.

Als **mittelfristige Ziele** ergeben sich daraus für das Kinder- und Familienzentrum:
- ➢ die Erzieher/innen entwickeln gegenüber den Eltern und Kindern eine ressourcenorientierte Haltung, indem sie ihre Aufmerksamkeit vorrangig auf die Kompetenzen von Eltern und Kindern lenken.
- ➢ Die Erzieher/innen regen die Eltern dazu an und unterstützen sie dabei, ihren Blick auf die Fähigkeiten und Entwicklungsfortschritte der Kinder zu richten.
- ➢ Die Erzieher/innen fördern die Bildungsprozesse der Kinder, indem sie die Kinder selbst-tun-lassen und aus den beobachteten Interessen der Kinder Angebote entwickeln.
- ➢ Eltern fühlen sich ermutigt, am Leben des Kinder- und Familienzentrums teilzunehmen.
- ➢ Die Angebote des Kinder- und Familienzentrums für Eltern werden allmählich zu Angeboten für alle Bewohner der Nachbarschaft.
- ➢ Alle Beteiligten tragen dazu bei, die Erkenntnisse aus dem Übersetzungsprozess zu sichern.

2.2 „Zuständigkeiten" - Wie verläuft der Übersetzungsprozess?

Als weiteres stellt sich die Frage: Wer identifiziert aus der Fülle des in Corby vorhandenen Materials und der aus Corby mitgebrachten Eindrücke die für Berlin relevanten Ziele?
Zur Beantwortung dieser Frage stützen wir uns auf drei unterschiedliche
Datenquellen:
Gespräche mit Mitgliedern der Entwicklungsgruppe, insbesondere anlässlich der Moderationen zur Zielfindung,
die Beteiligung an Fortbildungen für die Erzieher/innen,
die Auswertung des 1. Tätigkeitsberichts
sowie Gespräche mit der Projekt-Koordinatorin Frau Burdorf-Schulz und der Kita-Leiterin Frau Müller.
Eine weitere entscheidende Datenquelle stellen die Sichtweisen der Erzieher/innen vor Ort dar, deren Berichte aus Corby ebenso wie deren Gespräche und Erfahrungen vor Ort allmählich das Bild formen, was Pen Green in Berlin ausmachen könnte.

Ergebnisse:
Je nach Arbeitsfeld und Aufgabenschwerpunkt formen sich in Nuancen *unterschiedliche* Bilder darüber, was Pen Green Berlin sein könnte. Diese unterschiedlichen Bilder steuern die Bewertung des Geschehens vor Ort. Dabei fällt auf, dass die Projektleitung und die Kitaleitung vor Ort – beide Mitglieder der Entwicklungsgruppe – einem etwas anderen Bild folgen, bezüglich der Frage, was auf welche Weise wann zu geschehen habe, als die übrigen Mitglieder der Entwicklungsgruppe. Das heißt, innerhalb der Entwicklungsgruppe gibt es mindestens zwei nicht in jedem Punkt übereinstimmende Bewertungsschemata. Dies garantiert produktive Auseinandersetzungen, die den Übersetzungsprozess lebendig halten. Allerdings könnten daraus auch Irritationen und Konfliktfelder entstehen, und zwar in bezug auf:

> ➢ das Tempo des Entwicklungsprozesses,
> ➢ die Präzisierung der Vorgaben und Ziele,
> ➢ die Freiheitsgrade bei der Übersetzung, d.h. den Grad der Übereinstimmung zwischen Pen Green in Corby und Pen Green in Berlin.

2.3 Fortbildung - Welche Prinzipien werden den Erzieher/innen in den Fortbildungen vermittelt und wie wird die Fortbildung durch die Erzieherinnen verarbeitet?

Datenquellen: Teilnahme an zwei Fortbildungen im August 2001, Auswertung von Fortbildungsmaterial, Gespräche mit den Erzieher/innen über die Fortbildung.

Ergebnisse:
Für die Erzieher/innen findet mit dem Modellprojekt ein Neubeginn statt. Alles ist neu: die Gruppenzusammenstellung mit den Kolleg/innen, die Kinderaufteilung, die Räume sind neu gestaltet und zugleich soll ein neues pädagogisches Konzept umgesetzt werden, in dem den Kindern und Eltern mit einer veränderten Haltung zu begegnen ist.

Darauf vorbereitet werden die Erzieher/innen durch verschiedene Fortbildungen im Jahr 2001. Wir konzentrieren uns insbesondere auf die Fortbildung im August 2001, an der wir an zwei Tagen teilgenommen haben.

Die Erzieher/innen werden pro Jahr in zwei Fortbildungsblocks jeweils für drei Tage fortgebildet.

An den beobachteten Fortbildungstagen stehen die veränderte Raumstruktur, die neue Zuordnung von zum Teil neuen Erzieher/innen zu den Kindern, die Tagesstruktur, die Dienstplangestaltung und die Beobachtungsbögen im Mittelpunkt der Arbeit.

Der Tagesablauf wird ebenfalls neu strukturiert. Es gibt nun beispielsweise eine offene Frühstückszeit oder eine für jede Abteilung festgelegte Story Time. Neben dieser Tagesstruktur müssen auch während dieser Fortbildung Einigungen stattfinden über Besprechungszeiten, Einsatz der Entlastungserzieherin[4] und die

---

[4] Die Stelle der Entlastungserzieherin wird durch die Dürr-Stiftung finanziert.

Dienstplangestaltung. Es fällt in den drei Gruppen von Erzieher/innen auf, dass alle kooperativ miteinander umgehen. Sie einigen sich bezüglich der Regeln (z.B. wann Story Time ist; wie es mit dem Frühstück verlaufen soll). Dabei zeigt sich eine Bereitschaft zum Experimentieren („Wir probieren aus, ob das geht"). Somit entstehen brauchbare Regeln für die Tagesstruktur, aber es bleibt genügend Offenheit. Andererseits gibt es auf Seiten der Erzieher/innen viele offene (Detail) Fragen, wer für was zuständig ist und welche Regeln gelten sollen. Als Beispiel kann man hier die Frage anführen, ob die Kinder ihre Hausschuhe sofort anziehen sollen, wenn sie kommen oder ob sie auch nur mit Strümpfen herumlaufen dürfen.

Auch fällt den Erzieher/innen auf, dass die Räume in der Schillerstraße anders als in Corby aufgeteilt sind und dass es deswegen hin und wieder Einschränkungen geben könnte; denn bei der räumlichen Trennung haben die Erzieher/innen die Kinder nicht immer im Blick.

Es wird beschlossen, dass pro Woche 60-90 Minuten für eine „Besprechungszeit" zu reservieren sind. In dieser Zeit werden die Ergebnisse der Beobachtungen ausgetauscht und dazu passende pädagogische Folgerungen erarbeitet. Die Frage, zu welchen Zeiten das geschehen soll, nimmt viel Raum ein, weil alle - auch die Teilzeitkräfte - daran teilnehmen sollen. In diesem Zusammenhang wird die Rolle der „Entlastungserzieherin" geklärt. Die Entlastungserzieherin wird Pen Green-bezogene Aktivitäten wie den täglichen Austausch über Beobachtungen und intensive Elterngespräche ermöglichen. Zudem soll die Entlastungserzieherin so eingesetzt werden, dass sie sich wohlfühlt und auch etwas von der Arbeit hat. Die Entlastungserzieherin soll jeweils einen Monat lang in einer Gruppe bleiben. Auf diese Weise haben die Erzieher/innen Zeit für längere Elterngespräche.

Erstmals werden im Rahmen der Fortbildung Beobachtungsbögen verteilt; die Arbeitsweise mit den Bögen wird erklärt. Die Seminarleiterin erinnert die Erzieher/innen daran, dass Beobachtungssequenzen ausgewählt werden sollen, in denen das selbstständige Tun des Kindes im Mittelpunkt steht. Die Beobachtungen sollen wertfrei in den Beobachtungsbogen eingetragen werden.

Die Beobachtungen sollen nicht beliebig sein; vielmehr soll eine Erzieherin vormittags 10 Minuten lang ein Kind beobachten; dann setzt eine weitere Erzieherin die Beobachtung fort. Es soll das festgehalten werden, was *gesehen* wurde. Die Beobachtungen sollen die Grundlage für die fachlichen Gespräche der Erzieher/innen und für die Elterngespräche bilden. In die Beobachtungsbögen soll jeweils eingetragen werden, wie das Wohlbefinden des Kindes war und seine Involviertheit. Es werden verschiedene Formen von Beobachtungsbögen diskutiert, die anschließend gemeinsam bearbeitet werden.

Befragt man die Erzieher/innen, was für sie ein zentrales Element von Pen Green ist, nennen sie stets die Beobachtungen. Allerdings halten sie die Umsetzung der Beobachtungen und das Eintragen in die vorgegebenen Raster zu diesem Zeitpunkt für nicht einfach.

Bei einer späteren Fortbildung im Januar 2002 - zu einem Zeitpunkt, zu dem die Erzieher/innen bereits auf einige Erfahrungen im Umgang mit den Beobachtungsbögen im Arbeitsalltag zurückgreifen können - halten sie eine neue Fortbildungseinheit zum Thema „Beobachtungen" für sehr interessant, meinen aber, dass diese Thematik insgesamt viel zu kurz gekommen ist. Dies führt zu einiger Kritik an der inhaltlichen Planung der Fortbildungen. Die Erzieher/innen wünschen sich eine stärkere Mitbestimmung bei den Themen der Fortbildungen entsprechend dem von ihnen erlebten Fortbildungsbedarf.

2.4 „Umsetzung" - Welche Pen Green-bezogenen Arbeitsweisen wenden die Erzieher/innen im Arbeitsalltag an?
(Phase: Arbeitsbeginn in der Kita bis Dez. 2001)

Datenquellen: Teilnehmende Beobachtung in der Kita; Gespräche mit den Erzieher/innen sowie der Kita-Leitung und Projektleitung; Teilnahme an der Teambesprechung mit den Erzieher/innen.

Ergebnisse:

➢ Das Konzept der Kindertagesstätte ist von der Gruppenarbeit in die offene Arbeit verändert worden. Es gibt daher Funktionsräume anstelle der bisherigen Gruppenräume. Durch die Gestaltung der Funktionsräume wird den Kindern mehr anregendes Material zur Verfügung gestellt, welches sie selbstständig auswählen können, so dass sie ihren Selbstbildungsprozessen folgend aktiv sein können.

➢ Die Kinder suchen sich die Spielaktivitäten überwiegend selbst aus; die Erzieher/innen lassen die Kinder spielen und bemühen sich, die Balance zwischen "Nachsehen, ob alles in Ordnung ist" und "Nicht-Einmischen" zu finden. Auf der anderen Seite machen sie Angebote, indem sie Anregungen der Kinder aufgreifen. Die Kinder gehen mit Fragen auf die Erzieher/innen zu.

➢ Es gibt freie Frühstückszeiten und eine festgelegte Essenszeit am Mittag.

➢ An den Wänden sind Fotos von Aktionen und spielenden Kindern.

➢ Die Eltern haben die Umstellung auf die Pen Green-Pädagogik unterschiedlich aufgenommen. Es gab einige Irritationen am Anfang. Die offene Frühstückszeit gefällt manchen Eltern nicht. Sie befürchten, dass ihre Kinder nicht genügend essen. Einige Eltern von älteren Kindern (5-und 6jährigen) haben insbesondere Angst, dass durch die neue Pädagogik die Vorbereitung auf die Schule wegfällt. Sie wollen gezielt Vorschulerziehung, die sie nun nicht mehr gewährleistet sehen. Diese Irritationen konnten aber auf den Elternabenden geklärt werden.

Exkurs[5] 1: Beobachtungsbeispiele zur „Balance zwischen Gewährenlassen, Eingreifen und Angeboten"

---

[5] „Exkurse" zu den Beobachtungen und zur Begründung der Einschätzung von seiten der Evaluatorinnen ergänzen diesen Zwischenbericht.

Gewährenlassen

Als ein Element von Pen Green gilt das Gewährenlassen von Kindern, die in Aktion sind. Es wird geschildert, dass es manchmal nicht einfach ist, abzuwägen, wann soll man ein Kind gewähren lassen, wann muss eingegriffen werden? Als zentrales Beispiel (da es an verschiedenen Stellen mehrmals erwähnt wird) scheint der Umgang mit Tesafilm zu sein. Es wird angeführt, dass es früher die Einstellung gab, man müsse Material sparen. Blätter wurden deswegen teilweise auf beiden Seiten bemalt. Es war ein großer Umstellungsprozess, Kinder mit Material großzügig umgehen zu lassen, wenn sie laufend Gegenstände mit Tesafilm umwickeln (vgl. Exkurs zu den Schemata).

Gewährenlassen und Eingreifen

Zwei Kinder fangen an, Schubladen auszuräumen, es kommen andere Kinder, die die Treppe im Zimmer hochgehen und die Rutsche runterrutschen. Zwei Kinder sind warm angezogen draußen und spielen alleine. Laufen zum Fenster, gucken rein, was drinnen los ist, spielen aber alleine draußen weiter. Sie fangen an, mit ihren Zungen an der Fensterscheibe der Tür zu lecken. Dabei geht die Tür auf. Eine Erzieherin kommt herein und fragt sie, ob sie rein wollen. Das wollen sie aber nicht und laufen weiter draußen rum. Sie fangen ein Spiel mit der Erzieherin an: sie stoßen die Tür auf und laufen dann wieder weg. Das geht 2–3 mal noch so, dann sagt die Erzieherin, dass die Tür zu bleiben muss und das funktioniert dann auch.

Angebote

*Eine zentrale Erkenntnis wurde von Erzieher/innen bei Besuchen in Corby gewonnen: Nicht alles, was Corby macht, muss auch in der Schillerstrasse gemacht werden. Als Beispiel wurden die unterschiedlichen Raumaufteilungen und die Konsequenz für die Beobachtungen angeführt. Die Erzieher/innen sagen selbst, dass sie ein Selbstbewusstsein entwickeln müssen, was man übernimmt und was nicht. Was „Selbstbewusstsein zu zeigen" für die Erzieher/innen bedeutet, kann man an folgendem Beispiel sehen: die Erzieher/innen bastelten mit Kindern Laternen. Besuch aus Corby, der dies beobachtete, lehnte das Laternenbasteln ab. Sie gingen davon aus, dass das Laternenbasteln nicht als Idee von den Kindern kommen könne. Doch gerade die Kinder hatten diesen Wunsch geäußert. Aus diesem Grund bewerten die Erzieher/innen die Aktion des Laternenbastelns als richtig.
Ende des Exkurses*

Auffallendes aus Sicht der Evaluation:

Die Erzieher/innen haben die Umgestaltung bewältigt und sind etwas erschöpft, vor allem weil sie meinen, "unter Druck zu stehen". Wer fördert den Druck, unter dem sowohl die Kita- und Projektleitung zu stehen meinen wie auch die Erzieher/innen. Die Evaluatorinnen werden gebeten, dafür zu sorgen, dass der Druck zurückgenommen wird. Aber wer ist der Adressat?

Objektive Auslöser für den Druck könnten sein:

1. Die Erzieher/innen haben keine klaren Zielvorgaben, an denen sie sich orientieren können bei der Frage, ob sie „richtig" oder „falsch" arbeiten; das bedeutet: die Übersetzungsarbeit muss von ihnen selbst geleistet werden. Das hat Vor- und Nachteile. Die Nachteile liegen in der mangelnden Sicherheit. Als Vorteil könnte sich die allmählich herausbildende Expertenschaft der Erzieher/innen erweisen.

2. Ein weiterer Punkt zur Verunsicherung könnte darin liegen, dass in dem vehementen Veränderungsprozess die Balance zwischen „Bewahren und Verändern" nicht ausreichend beachtet wurde.

Das Kinder- und Familienzentrum ist bisher vorrangig unter der Perspektive „neue Bildungsformen für Kinder und Eltern" betrachtet worden. Tatsächlich ist eine ebenso wichtige Perspektive zum Verständnis des Geschehens in der Schillerstraße die Perspektive des Change Managements. Im Unterschied zum Pen Green Centre in Corby entwickelt sich das Kinder- und Familienzentrum in der Schillerstraße in einem umfassenden Veränderungsprozess aus einer seit längerem bestehenden, gut funktionierenden Kita.

Die wichtigsten Regeln für Organisationen in Veränderungsprozessen lauten:

> ➢ eine Balance zwischen Bewahren und Verändern sichern.
> ➢ Klarheit über realitätsgerechte Ziele und Teilziele für einen überschaubaren Zeitraum schaffen.

Durch ein schrittweises Vorgehen, indem man Baustein für Baustein die Pen Green-Philosophie überdenkt und den Bedingungen der Schillerstraße anpasst, kann innerhalb der Laufzeit des Modellprojekts die Umstrukturierung erfolgen. Die Umsetzung ist ein Prozess, der geprägt ist von neuen Erfahrungen und einem ständigen Überdenken, Verändern und Anpassen der Bausteine.

Exkurs 2: „Change Management - Von der langsamen Veränderung in Organisationen"

Wenn eine Organisation derartig massive Veränderungen durchläuft, wie es zur Zeit im Kinder- und Familienzentrum Schillerstraße geschieht, sollte der Veränderungsprozess in einer Weise gestaltet werden, dass alle betroffenen Mitarbeiter/innen in die Planung der Veränderungen mit einbezogen werden. Das ist in der Vorbereitungsphase des Kinder- und Familienzentrums auch sehr gut und umfassend geschehen. Allerdings sind mit den Vorbereitungen die Veränderungen nicht abgeschlossen. Erst in der alltäglichen Arbeit vor Ort lässt sich im Detail erfahren, worauf sich eine jede Mitarbeiterin eingelassen hat. Hier vor Ort können die neu erlernten und in der Vorbereitung für gut befundenen Strategien plötzlich mit den alten Gewohnheiten und Gewissheiten kollidieren. Das braucht den Veränderungsprozess nicht zu stören, sofern die folgenden Regeln beachtet werden: Eine Balance zwischen Verändern und Bewahren herstellen und eine Wertschätzung der bisherigen (alten) Arbeitsformen sichern.

Die Schnelligkeit des Veränderungsprozesses muss den Gegebenheiten vor Ort und den Möglichkeiten der Beteiligten angepasst werden[6].

Jede Form von Druck, Überforderung und Verunsicherung ist zu vermeiden. Die Information zu den Veränderungszielen sollte für alle Beteiligten eindeutig sein[7].
Während des Prozesses sollte das Bedürfnis nach Stabilität in Form von vertrauensbildenden Stabilisatoren berücksichtigt werden.
Ende des Exkurses

2.4.1 „Beobachtung" - Wie gehen die Erzieher/innen mit dem Beobachtungsauftrag um?
(Phase Jan-März 2002)

Datenquellen:
Auswertung der Beobachtungsbögen; Gespräche mit Erzieher/innen; Teilnahme an Abteilungsversammlungen.

Ergebnisse:
Es hat sich eine größere Sicherheit eingestellt. Der Fokus der Pen Green- bezogenen Arbeit liegt nun auf den Beobachtungsbögen. Man hat sich entschieden, in den Formularen nicht nur „Kreuze" (Engagiertheit, Wohlbefinden etc.) auszufüllen, sondern Texte zu schreiben, aus denen hervorgeht, was das beobachtete Kind gerade macht. Auf diese Weise kann in den Besprechungen immer gut nachvollzogen werden, was geschehen ist. Die Kreuze in den Formularen seien wenig aussagekräftig und man sei auch nicht immer sicher, ob ein Kind sich gerade hoch wohlfühlt.
Die Beschreibungen sind gute **Verhaltens**beschreibungen, aus denen auch zu erkennen ist, wenn sich wiederkehrende Verhaltensmuster (Schemata) abzeichnen.

Beispiele*:*
"Er steckt ein Puzzle. Ruft ‚fertig', läuft weg; kommt wieder, sucht erneut Teile für ein Puzzle."
"X. baut aus Stühlen eine Höhle, kriecht hinein".
"Y. klettert im Garten auf allen Vieren auf einen Baumstamm. Sagt, er sei eine Katze. Springt runter und läuft auf allen Vieren weiter und miaut. Macht mit den Händen Katzenbewegungen / Kratzbewegungen."
Es gibt Hinweise, dass Kinder auf die Beobachtung reagieren:
"A fragt mich (Erzieherin), wen ich heute angucke, reagiert verlegen, läuft weg, kommt wieder, lächelt und geht wieder."
Auch eignen sich die Beobachtungen dazu, aus den Stärken der Kinder Angebote zu entwickeln.

---

[6] vgl. Osterhold 1997
[7] vgl. Doppler/Lauterburg 1995

Beispiel:

Ein Kind ist mehrfach engagiert dabei, Buchstaben zu schreiben, (das wurde in den Beobachtungen festgestellt). Daraufhin fertigen die Erzieher/innen Buchstabentafeln an, und zwar immer den Großbuchstaben und den Klein-buchstaben; diese werden an einer Wand aufgehängt; außerdem werden die Namen der Kinder, die mit dem jeweiligen Buchstaben beginnen, aufgeschrieben und zu den jeweiligen Anfangsbuchstaben gehängt. Der Anfangsbuchstabe ist gut erkennbar in einer anderen Farbe geschrieben.

Soweit bereits einige Kinder eine zweite Beobachtungszeit erlebt haben, halten die Erzieher/innen das Beobachtete für recht aussagefähig. Der Sinn der Beobachtun-gen wird für sie dadurch nachvollziehbar. Auch gibt es ein vollständigeres Bild, wenn die Beobachtungen eines Kindes von seiten mehrerer Erzieher/innen mitein-ander verglichen werden. Die Eltern begrüßen es übrigens, dass ihr Kind jeweils von **mehreren** Erzieherinnen beobachtet wird Nach Ansicht der Erzieherinnen halten die Eltern das für objektiver.

Beispiel Kind D: *(protokolliert aus Gesprächen der Erzieher/innen anlässlich ihrer Abteilungsversammlung)*

1. Erz.: Er geht in der Buddelkiste; klettert auf Gerüst, probiert viele Positi-onen; geht dann auf die Rutsche. Genießt es. In sich ruhend.

2. Erz.: Auf der Rutsche; dann buddelnd, hält anderen die Schippe hin, bezieht andere in das Spiel ein.

3. Erz.: Er geht in den Kreativraum. Tuscht; Kind S. versucht ihn abzulen-ken, lässt sich beim Tuschen nicht aus der Ruhe bringen, spricht aber mit den anderen. Als das Bild fertig ist, faltet er es zusammen.

2.Beobachtungs-Termin:

1. Erz.: Er sitzt am Computer, in sich ruhend, sehr guter Umgang mit der Maus.

2. Erz.: Er geht in den Garten. Setzt sich zu den anderen, spricht mit ihnen.

Die Erzieher/innen fragen sich, was für ein Schema sich da zeigen könnte, bzw. ob es mehrere gibt. Auf jeden Fall sei *„Bewegung"* für ihn wichtig. Er werde wahr-scheinlich gern mit in den Wald gehen; evtl. spiele auch das Schema *„Verbinden"* eine Rolle, weil er andere Kinder mit einbeziehe.

Beispiel Kind L: *(protokolliert aus Gesprächen der Erzieher/innen anlässlich ihrer Abteilungsversammlung)*

1.Erz.: Sie geht mit Fahrzeugen und Buddelsachen raus; gießt Wasser auf Beete. Ein anderes Kind nimmt ihr das Fahrzeug weg. Sie holt sich ein Neues, packt es voll und fährt damit herum. Ausdauernd.

2. Termin: 2. Erz.: Sie fährt auf dem Dreirad mit Anhänger, sagt, das ist die Autobahn; packt die Buddelsachen auf den Anhänger.

Schema: *„**Transport**"*, da sind sich alle Erzieher/innen sicher; evtl. passe auch das Schema *„**Einpacken**".*

Es werden zwei Kinder pro Woche beobachtet (Montag / Dienstag eins und Donnerstag / Freitag ein anderes) jeweils 10 Minuten lang von einer Erzieherin; abwechselnd dann von der nächsten Erzieherin, so dass im günstigen Fall 60 Beobachtungsminuten pro Tag zusammenkommen können. Das ist allerdings eher selten der Fall, da infolge von Krankheit oder Urlaub kaum alle Erzieher/innen immer zur gleichen Zeit anwesend sind.

Die systematische Führung der Beobachtungsbögen setzt eine stabile Personalsituation voraus und ein ausreichend großes Team. Ansonsten ist es schwierig, durchgehend zu beobachten.

Die Erzieher/innen tauschen sich über folgendes aus: Möglicherweise lässt sich der "Pen Green-typische" Ansatz *Beobachten - Schemata und Stärken des Kindes erkennen und erweitern - daraus Angebote für andere interessierte Kinder entwickeln"* am besten dann durchführen, wenn die Kindergruppe im Alter derjenigen in Corby vergleichbar ist. Die Erzieher/innen überlegen noch, wie mit den älteren Schulkindern zu verfahren sei.

Insgesamt ist die Zeit gut genutzt worden, den Beobachtungsauftrag sinnvoll zu erfüllen und den Bedingungen vor Ort anzupassen.

Exkurs 3: Schemata

Ein „Schema" ist ein von Wissenschaftlern konstruierter Begriff, mit dem verdeutlicht wird, wie Menschen die Bedeutung von Ereignissen und Dingen erkennen können und wie sie ihre Handlungen organisieren. Schemata sind verinnerlichte Kategoriensysteme und Verhaltensprogramme. Vereinfacht können wir uns Schemata wie kleine „Schubkästen" in unserem Gehirn vorstellen, in die wir das einordnen, was wir hören und sehen. Einen Apfel, den wir sehen, ordnen wir in das Schema „Obst" und dieses wiederum in das übergeordnete Schema „Nahrungsmittel".

Im Laufe der Entwicklung eines Menschen vom Kleinkind zum älteren Schulkind erweitern, vervielfältigen und differenzieren sich seine Schemata. Je mehr Schemata einem Menschen zur Verfügung stehen und je differenzierter diese sind, desto offener kann sich dieser Mensch mit seiner Umwelt auseinandersetzen.[8]

Der Begriff „Schema" wurde zum ersten Mal 1932 von dem Psychologen Bartlett verwendet. Obgleich es inzwischen ausgereiftere Modelle zum Verständnis menschlicher Informationsverarbeitung gibt[9], eignet sich der Schema-Begriff durchaus noch, um zu verstehen, wie wir uns mit unserer Umwelt auseinandersetzen.

Im Pen Green-Projekt liefert der Schema-Begriff ein tieferes Verständnis immer wiederkehrender Verhaltensmuster von Kindern. Ein wiederholtes Transportieren

---

[8] vgl. Schroder, Driver, Streufert 1967
[9] vgl. Strohner 1995 und Roth 200

der immer gleichen Bauklötze in einer Schubkarre ist kein „Unsinn", sondern Ausdruck davon, dass das betreffende Kind ein Schema zur Auseinandersetzung mit der Umwelt aufgebaut hat und dieses voller Engagement erprobt. Bei älteren Kindern können Schemata auch durch Befragung erkannt werden.

3. Planung der nächsten Evaluationsphasen

Datenquellen: Gespräche mit Erzieher/innen, Teilnahme an Abteilungsversammlungen der Erzieher/innen, Bezugnahme auf Antrag zur Evaluation.

Planung:
Neben der weiteren Verfolgung des Übersetzungsprozesses wird sich die Aufmerksamkeit der Evaluation auf die folgenden Bereiche richten:
1. Interaktion zwischen Erzieher/innen und Eltern
2. Integration von Angeboten für Eltern und andere Erwachsene in das Kinder- und Familienzentrum

zu 1) Bereits jetzt gibt es Hinweise, dass die Gespräche mit Eltern anhand der Beobachtungsbögen inhaltsreich und konstruktiv verlaufen.
zu 2) Im Unterschied zu Corby gibt es im Umfeld des Kinder- und Familienzentrums zahlreiche etablierte Bildungs- und Kulturangebote. Dennoch ist es bereits in dieser ersten Phase möglich geworden, einige Eltern-Kind-Angebote zu erproben sowie Angebote für Eltern.

4. Resumée und Ausblick

Insgesamt kann man festhalten, dass die Erzieher/innen die ersten Monate gut bewältigt haben. Trotz der beschriebenen schwierigen Bedingungen setzen sie Baustein für Baustein des Pen Green Konzepts um, stets darauf achtend, dass die Schillerstrasse nicht Corby ist. Sie entwickeln ein Selbstbewusstsein zu entscheiden, was sie übernehmen, was sie beibehalten und was sie übernehmen und zugleich verändern. Besonders hervorzuheben sind die folgenden erreichten Ziele:
➢ Die Raumgestaltung erfolgte gemäß den Pen Green-Prinzipien in Corby.
➢ Das Beobachtungssystem ist erprobt und modifiziert worden und fördert sowohl die fachlichen Gespräche der Erzieher/innen als auch die Gespräche mit den Eltern.
Insbesondere fallen die positiven "Nebenwirkungen" der Beobachtungsaufträge auf: Dank der konstruktiven Form der Beobachtung orientieren sich die Erzieher/innen zunehmend an den Fähigkeiten der Kinder; dies wiederum fördert ein grundsätzlich konstruktives positives Klima für die Elterngespräche. Aufgrund dieser ersten Ergebnisse, können wir eine optimistische Prognose für die weiteren zwei Modellprojektjahre geben.

5. Literatur

Doppler, K. / Lauterburg, Ch. (1995) Change Management. Frankfurt/M.:
Campus Osterhold, G. (1997) Veränderungsmanagement. Wiesbaden: Gabler

Roth, G. (2001) Fühlen, Denken, Handeln - Wie das Gehirn unser Verhalten steuert. Frankfurt/
M.: Suhrkamp

Schroder, H.M. / Driver, M.J. / Streufert, S. (1967) Human Information Processing. San Francis-
co: Holt, Rinehart, Winston

Strohner, H. (1995) Kognitive Systeme. Opladen: Westdeutscher Verlag

Evaluation des Modellprojekts „Kinder- und Familienzentrum Schillerstraße"
März 2003
Marianne Meinhold

Inhalt

Kurzfassung

In dem hier zu beschreibenden zweiten Jahr des Projekts sind auf seiten der Erzieher/innen die Unsicherheiten des ersten Jahres allmählich einem produktiven Selbstbewusstsein gewichen. Die Erzieher/innen erfüllen die Projektaufgaben mit wachsender Kompetenz. Im Verlauf des Veränderungsprozesses lassen sich die folgenden Wirkungen nachweisen:

➢ Bislang unbeachtete Fähigkeiten und Interessen der Kinder werden entdeckt und weiterentwickelt.

➢ Die Elterngespräche verlaufen konstruktiver und professioneller als zu der Zeit vor Pen Green

➢ Das Interesse der Eltern an den Elterngesprächen und an der gezielten Förderung ihrer Kinder nimmt zu.

➢ Den Eltern ist der Alltag im Kinder- und Familienzentrum transparenter geworden.

➢ Die Kinder sind stolz darauf, dass sie und ihre Produkte Beachtung finden.

➢ Die Haltung der Erzieher/innen gegenüber Eltern und Kindern ist freundlicher und toleranter als zu der Zeit vor Pen Green.

Insgesamt sind wesentliche Aufgaben zur Umsetzung der Pen Green-Konzeptes gut bewältigt worden, obgleich einige Rahmenbedingungen in der Schillerstraße (Personalausstattung) nicht optimal sind.

1. Übersicht

Im ersten Zwischenbericht (2002) ging es um die Frage, wie sich aus der Fülle der Informationen und Eindrücke des Pen Green-Centres in Corby allmählich Leitlinien für ein "Pen Green-Projekt Berlin" entwickeln könnten. Bei aller Unsicherheit der Anfangsphase zeichnete sich frühzeitig ab, dass es die Erzieher/innen sind, die den wesentlich Teil der Übersetzungsarbeit zu bewältigen haben. Eine sorgfältige Betrachtung dieser Übersetzungsarbeit war und ist Gegenstand der zweiten Evaluationsphase. Anhand der Elemente der Übersetzungsarbeit lassen sich nicht allein die Fortschritte bei der Implementierung des Pen Green-Projekts in das "Kinder- und Familienzentrum Schillerstraße" ablesen. Des weiteren gewinnen wir auf diesem Wege Hinweise zur Übertragung der Projektprinzipien auf andere Kindertagesstätten.

Ein zweiter Fokus dieses Berichts betrifft die Gestaltung der integrativen Elternarbeit im Kinder- und Familienzentrum.

Die Aussagen in diesem Bericht stützen sich auf die folgenden Quellen:
➢ Teilnahme an den Abteilungssitzungen der Erzieher/innen
➢ Auswertung von Beobachtungsbögen, Ergebnisbögen, Entwicklungsordnern und anderen Dokumenten, die von der Erzieher/innen hergestellt wurden
➢ Schriftliche Befragung der Erzieher/innen
➢ Auswertung von Kommentaren der Erzieher/innen zu den Befragungsergebnissen
➢ Auswertung der Protokolle von Elternabenden
➢ Gespräche mit der Koordinatorin (Frau Burdorf-Schulz) und der Kita-Leiterin (Frau Müller)
➢ Teilnehmende Beobachtung an einer Fortbildungsveranstaltung der Erzieher/innen
➢ Teilnehmende Beobachtung im Kita-Alltag
➢ Jahresbericht der Koordinatorin und schriftliche Pläne der Kita-Leitung.

2. Wie realisieren die Erzieher/innen die Übersetzungsarbeit?

Im ersten Jahr des Kinder- und Familienzentrums Schillerstraße (2001/2002) beeindruckten das Engagement und die anspruchsvollen Erwartungshaltungen aller Beteiligten, allerdings begleitet von Unsicherheiten, welchen Zielen und Methoden die neuen Arbeitsweisen folgen sollten. In dem nun zu beschreibenden zweiten Jahr sind die Unsicherheiten allmählich einem produktiven Selbstbewusstsein gewichen. Die Erzieher/innen gehen kompetent mit den Beobachtungsbögen und den sich daraus ergebenden Aufgaben um. Sie experimentieren damit, aus den Beobachtungen individuelle Förderpläne und Angebote abzuleiten, auch wenn sie wissen, dass sie für die weitere Entwicklung von Angeboten noch Kenntnisse erwerben müssen.

Was genau hat den Übersetzungsprozess vorangetrieben?

Drei unverzichtbare Elemente kennzeichnen diesen Übersetzungsprozess:

1) **Unterstützende Rahmenbedingungen**[1], die bereits im ersten Zwischenbericht beschrieben sind (Offene Arbeit in drei Abteilungen / Umwandlung der Räume in Funktionsräume / Teambildung / Erweiterung des Personals durch eine Ersatzerzieherin und eine Familienerzieherin / eine veränderte Tagesstruktur / neue Materialien).

2) **Anker-Beispiele**, die typisch für die Projektidee sind, beispielsweise der Beobachtungsauftrag: Anker-Beispiele sind Arbeitsaufträge, in denen Ziele un Methoden präzise beschrieben sind. Somit gewinnen die Erzieher/innen ein Stück Sicherheit in einem teilweise unsicheren Gelände.

3) **Erfahrungsberichte aus Corby und Erlebnisse,** anhand derer sich die Richtung erahnen lässt, in die sich das Projekt langfristig entwickeln könnte. Aus Erfahrungsberichten, die bei Besuchen in Corby und in Kontakten mit Mitarbeiter/innen von dort entstehen, bilden sich mehr oder weniger konkrete Vorstellungen über die Haltung, die die Projektidee trägt.

2.1 Anker-Beispiel „Beobachtungsauftrag"

Es werden zwei Kinder pro Woche beobachtet (Montag / Dienstag ein Kind und Donnerstag / Freitag ein anderes). Eine Erzieherin beobachtet zehn Minuten lang, anschließend beobachtet die nächste Erzieherin, so dass im günstigen Fall - sofern alle sechs Erzieher/innen einer Abteilung anwesend sind - 60 Beobachtungsminuten pro Tag zusammenkommen können. Mittels der Beobachtungen wird erkundet, welche Tätigkeiten das beobachtete Kind häufig, intensiv konzentriert und mit Wohlbefinden ausübt. Die Beobachtungen werden schriftlich in einen Beobachtungsbogen eingetragen. Diese Beschreibungen sind gute Verhaltensbeschreibungen,

---

[1] Die unterstützenden Rahmenbedingungen sind überwiegend durch die Heinz und Heide Dürr Stiftung finanziert worden.

aus denen auch zu erkennen ist, wenn sich wiederkehrende Verhaltensmuster (Schemata) abzeichnen.

Die Beobachtungsbögen bilden den Kern der für jedes Kind angelegten Entwicklungsordner. In diesen werden die Auswertungen und Schlussfolgerungen aus den Beobachtungen gesammelt. Ergänzt durch Fotos bilden diese die Grundlage für die Entwicklungsgespräche mit den Eltern.

Da jedes Kind zwischenzeitlich mehrfach beobachtet wurde, lassen sich Entwicklungen gut ablesen.

Beispiel

Kind X ist drei Wochen vor dem letzten Beobachtungstermin neu in die Kita aufgenommen.

Zum ersten Beobachtungszeitpunkt in der Eingewöhnungsphase heißt es:
"Er sitzt noch gern bei seiner Mama" (belegt durch Foto).

Beim nächsten Beobachtungspunkt:
„Er spielt mit der Eisenbahn und beobachtet andere Kinder."
„Er erbaut konzentriert mit Duplo-Steinen eine Eisenbahn"
(mit Foto)

Zum dritten Beobachtungspunkt:
„Er setzt sich heute zum ersten Mal zu anderen Kindern an den Basteltisch, malt und schneidet einen Rand aus".
„Er malt und entdeckt die Tesarolle"
(Ergebnisse im Entwicklungsordner).

Des weiteren kann aus den Entwicklungsordnern abgelesen werden, wie aus den Beobachtungen Pläne zur individuellen Förderung abgeleitet werden.

Beispiel:
Kind Y: Was macht es gern und mit Interesse:
Bewegungsspiele, mit vier anderen Kindern Lehrerin spielen; Hexe spielen (klebt sich Hexenwarze auf die Nase)
Individuelle Förderung:
Das Buch „Kleine Hexe" anschauen, vorlesen, Zaubertricks kennenlernen.

Anhand der niedergeschriebenen Beobachtungen lässt sich erkennen, dass gut differenzierte Beobachtungen möglich sind und eindimensionale Schwarz-Weiß-Zuschreibungen vermieden werden

Beispiel:
Kind Z: "Was macht es gern und mit Interesse:
Bewegungsspiele mit zwei anderen Kindern;
traut sich nicht, in der Story Time, seinen Namen zu nennen, wenn er aufgefordert wird."
Individuelle Förderung

"Zur Stärkung seines Selbstbewusstsein wird er kleine Aufgaben übertragen bekommen, z.B. Tisch decken, Aquarium etc.."
Anderer Beobachtungstermin:
"Zeigt auch Selbstvertrauen: Nachdem eine von L. gebaute Straße umgestoßen wurde, sagt er: „die baue ich wieder auf.“

2.2 Wirkungen[2]

Der Beobachtungsauftrag wird von den Erzieher/innen uneingeschränkt akzeptiert[3].
1. Wirkung: Bisher unbeachtete Fähigkeiten der Kinder werden entdeckt.
2. Wirkung: Die Kinder werden ressourcen-orientiert wahrgenommen.
Die Aufgabe, die Kinder systematisch zu beobachten, um zu erkennen, welche Aktivitäten von den Kindern gern, mit Interesse und Wohlbefinden ausgeführt werden, lenkt den Blick auf (möglicherweise bislang unbeachtete) „Ressourcen" (Fähigkeiten und Interessen) der Kinder.
Beispiel[4]: *„Durch das gezielte Beobachten der Kinder und dadurch, dass das gesamte Team Beobachtungen durchführt, finde ich, dass man genauer hinschaut beim einzelnen Kind".*
3. Wirkung: Gezielte Entwicklungsförderung:
Mit den Beobachtungsbögen ist die Aufgabe verbunden, aus den Beobachtungen Angebote zu entwickeln. Im ersten Zwischenbericht lag der Akzent noch auf der Handhabung der Beobachtungsbögen; die Frage, welche Angebote zu entwickeln seien, löste zuweilen noch Unsicherheit aus. Inzwischen sind alle Beteiligten sicherer darin geworden, die Beobachtungen zum Anlass für Angebote zu nutzen.
Alle Erzieher/innen bejahen diese Frage; es wurden Angebote aufgrund von Beobachtungen entwickelt, und es werden entsprechende Beispiele genannt.
4. Wirkung: Die Elterngespräche verlaufen konstruktiver und professioneller als zu der Zeit vor Pen Green.
5. Wirkung: Dank der Beobachtungen und der Videoaufzeichnungen wächst das Interesse der Eltern an den Elterngesprächen. Zuweilen fragen sie danach, wann wieder ein Gespräch stattfindet. Auch werden die Eltern dazu angeregt, zu Hause Beobachtungen durchzuführen.
6. Wirkung: Die Haltung der Erzieher/innen gegenüber den Kindern und Eltern wird toleranter. Auf die Frage, was das Beste an „Pen Green" sei, gibt es Antworten wie
Das Menschenbild, die Einstellung dem Kind, den Eltern gegenüber zeigt sich im freundlichen, toleranten Umgang.
Diese Feststellung der Erzieher/innen wird durch die folgenden Elternaussage bestätigt:

---

[2] Obgleich der Begriff "Wirkung" in den Sozialwissenschaften umstritten ist, weil pädagogisches Handeln nicht zuverlässig bewirkt, was es beabsichtigt (vgl. Honig 2002, S. 221), verwenden wir hier den Begriff "Wirkung", um die unmittelbaren Konsequenzen der Veränderungen darzustellen.
[3] Quelle: Befragung
[4] alle Zitate enthalten Aussagen aus der Befragung oder aus den Beobachtungsbögen

*"Mir hat es sehr gut gefallen, dass die Erzieher/innen ganz liebevoll gegen-
über den Kindern sind, immer da sind, wenn man Fragen hat, die Bedürfnisse
der Kinder stehen im Mittelpunkt"*

7. Wirkung: *Den Eltern ist der Alltag im Kinder- und Familienzentrum **transparenter** geworden. Die Tätigkeiten von Erzieher/innen und Kindern sind dank der
Entwicklungsordner, der Situationsbücher, Videos und Fotos sichtbar und nachvollziehbar.*

8. Wirkung: *Das Interesse der Kinder an ihrer eigenen Entwicklung und an ihren
Lernprozessen ist geweckt worden. Die Kinder sind stolz darauf, dass sie selbst
und ihre Produkte Beachtung finden.*

2.3 Verbesserungsbereiche

Auch wenn die Bewältigung des Beobachtungsauftrages und der sich daraus ergebenden Aufgaben bisher sehr gut gelungen ist, erkennen die Erzieher/innen ihre
Grenzen und die Beschränkungen ihrer Arbeit durch die Rahmenbedingungen:

1) Im Vergleich zum Pen Green Centre in Corby ist der **Personalschlüssel** im Kinder-
   und Familienzentrum Schillerstraße auffallend ungünstiger. Die Erzieher/innen
   sind überzeugt davon, dass die Beobachtungsergebnisse wesentlich besser
   genutzt werden könnten, sofern es mehr Zeit zum wechselseitigen Austausch
   und zur Planung von Angeboten geben würde. Die Belastung der Erzieher/innen
   durch **zusätzliche Aufgaben** (Dokumentation der Beobachtungen, Auswertung,
   Entwicklungsplanungen, Umgestaltung von Räumen, intensive Elterngespräche,
   Veränderung der beruflichen Identität zum „Family Worker"[6], Erweiterung der
   fachlichen Kompetenzen) kann durch die ergänzende Unterstützung von seiten
   der Heinz- und Heide-Dürr-Stiftung nur zum Teil ausgeglichen werden.

2) Die Entwicklung von Angeboten könnte nach Meinung der Erzieher/innen wesentlich wirkungsvoller sein, wenn eine pädagogische Fachkraft hin und wieder
   am Ort des Geschehens an den Beobachtungen teilnehmen und die Erzieher/
   innen dazu befähigen würde, das Beobachtete optimal zu nutzen. Ein solche
   Unterstützung käme auch der fachlichen Weiterentwicklung der Erzieher/innen
   zugute. Auf seiten der Erzieher/innen besteht durchaus die Bereitschaft, sich
   als „forschende Praktiker/innen" zu erproben, sofern sie eine entsprechende
   Anleitung erhielten. Insbesondere gibt es einen Bedarf nach Wissen, wie
   Selbstbildungsprozesse von Kindern noch besser aktiv begleitet werden können.

3) Zum ersten Mal gibt es in diesem Jahr die „**große Altersmischung**"; d.h. Kin-
   der im Alter zwischen 1,5 und 10 Jahren treffen in jeder Abteilung zusammen.
   Der Vorteil dieser Altersmischung besteht darin, dass die Schulkinder zum
   Schuljahrsbeginn ihre vertrauten Gruppen nicht verlassen müssen. Klärungsbe-

---

[5] vgl. Protokoll vom Elternabend / Auswertungsrunde
[6] vgl. Abschnitt 3.

darf besteht aber noch hinsichtlich der Frage, wie den unterschiedlichen Bedürfnissen der Kinder entsprochen werden könne.

4) Jedes Jahr verlassen zu Beginn der Sommerferien viele Kinder und Eltern das Kinder- und Familienzentrum, weil die Kinder die Altersgrenze erreichen. Eine in etwa gleiche Anzahl von Kindern und Eltern tritt neu in das Kinder- und Familienzentrum ein. Mit diesen Veränderungen gehen mehrwöchige Belastungen durch Eingewöhnungszeiten einher. Auch müssen die neuen Kinder und Eltern mit den chancenreichen Angeboten des Kinder- und Familienzentrums vertraut gemacht werden.

5) Im ersten Berichtsjahr hatte auf seiten der Erzieher/innen einige Unsicherheit bestanden, wie viele **Regeln** und Reglementierungen sich mit den Prinzipien von Pen Green vereinbaren lassen. In solchen Unsicherheiten werden kulturelle Unterschiede im Umgang mit Kindern sichtbar. In diesen kulturellen Unterschieden zeigen sich Merkmale jener Kultur, in die Kinder hinein wachsen werden. Inzwischen haben die Erzieher/innen eine gute Form zum Umgang mit Regeln gewonnen: Sie akzeptieren, dass im Kinder- und Familienzentrum mehr Regeln als in Corby zu beachten sind. Allerdings wissen sie auch, dass sie bei ihren kurzen Aufenthalten in Corby möglicherweise die dort für Kinder geltenden anderen Regeln nicht haben erkennen können. Die hier im Kinder- und Familienzentrum zu setzenden Regeln (z.B. wieviel Möbel von den Kindern in den Schlafraum geräumt werden dürfen) sind Ergebnis differenzierter Diskussionen in den Abteilungsversammlungen und lassen erkennen, wie gut es den Erzieher/innen gelingt, die Perspektiven von Kindern einzunehmen.

3. Integrative Elternarbeit

Die Ergebnisse einer integrativen Elternarbeit werden sich an folgenden Zielen messen lassen:

1) Wieweit gelingt es, das Interesse der Eltern an der Arbeit des Kinder- und Familienzentrum zu wecken ?
2) Wieweit gelingt es, das Interesse der Eltern an der Entwicklung ihrer Kinder zu fördern ?
3) Wie verändert sich die berufliche Identität der Erzieher/innen hin zur Identität als „Family Worker" ?
4) Wieweit gelingt es, das Kinder- und Familienzentrum mit den Eltern des Umfeldes zu vernetzen ?

3.1 Entwicklungsgespräche mit Eltern

Mindestens zweimal jährlich finden Entwicklungsgespräche mit den Eltern statt. Wie im Abschnitt 2.2 beschrieben, fördern die von den Erzieher/innen erarbeiteten Beobachtungsergebnisse und Entwicklungsordner einen konstruktiven Verlauf dieser Gespräche. Sowohl Eltern als auch Erzieher/innen bewerten diese Gespräche positiv. Vereinzelt führen die Erzieher/innen auch Hausbesuche durch und regen die Eltern dabei an, die Entwicklungsfortschritte ihrer Kinder zu dokumentieren. Im Vergleich zu der Zeit „vor Pen Green" ist es gut gelungen, das Interesse der Eltern an der Arbeit der Erzieher/innen und an den Entwicklungsfortschritten der Kinder zu fördern.

3.2 Wie verändert sich die berufliche Identität der Erzieher/innen hin zu einer Identität als „Family Worker" ?

Im Verlauf der insgesamt positiven Entwicklung der Elterngespräche erkennen die Erzieher/innen, wie sich allmählich ihr Berufsbild und ihre Arbeitsinhalte erweitern. Wenn die Erzieher/innen von den Eltern zunehmend um Rat bei Familienproblemen gebeten werden, fühlen sie sich nicht in jedem Fall fachlich ausreichend qualifiziert.

> *„Wir sind nicht als „Family Worker" ausgebildet, und wir werden auch nicht so bezahlt."*
> *Zumindest wünschen sie für solche Fälle eine kompetente Fachberatung.*

3.3 Angebote für Familien

Die Angebote für Familien sind auf den drei Elternabenden der Abteilungen überwiegend positiv bewertet worden. Die Angebotsstruktur sieht folgendes vor:

➢ Das Eltern-Café (niedrigschwellig, um Eltern für das Projekt und andere Angebote zu interessieren)
➢ Spezielle Angebote für Eltern (Krabbelgruppe, Tai-Chi[7] u.a.)
➢ Von Eltern selbst organisierte Angebote (z.B. Waldorf-Puppen basteln)
➢ Nutzung des Kinder- und Familienzentrums am Wochenende für Geburtstagsfeiern
➢ „Starke-Eltern-starke-Kinder" in Kooperation mit dem Kinderschutzbund.

Bei der Planung von Angeboten wird ein ausgewogenes Verhältnis zwischen einem Akzeptieren von elterlichen Konsumhaltungen und der Förderung von Selbstorganisation angestrebt. Die Erzieher/innen würden auch gern einmal ein Angebot für Eltern durchführen; allerdings hat sich das aufgrund von personellen Engpässen und Zeitmangel nicht realisieren lassen.

3.4 Vernetzung

Beim Thema „Vernetzung des Kinder-und Familienzentrums" fallen die größten Unterschiede zwischen den Situationen in Corby und Berlin-Charlottenburg auf.

---

[7] Dies wurde angesichts der Kommentare zu den Befragungsergebnissen mehrfach thematisiert, insbesondere zu Frage 10 (was würden wir gerne aus Corby übernehmen).

Rund um das Kinder- und Familienzentrum gibt es eine Fülle von familientauglichen Angeboten, beispielsweise das Haus der Familie. Auch sind die meisten der Eltern durch Berufstätigkeit oder andere Aktivitäten in soziale Netze eingebunden, so dass sie kaum auf Kontaktanbahnungen durch das Kinder- und Familienzentrum angewiesen sind. So würde es wenig Sinn machen, wenn das Kinder- und Familienzentrum die Angebotsstrukturen der bestehenden Organisationen (Volkshochschule / Familienbildungsstätten / Haus der Familie) kopieren würde. Die bisherigen Vernetzungsaktivitäten

> Integration der Eltern von Kindern der Kindertagesstätte
> erfolgreiche Öffnung für ca. 60 weitere Eltern aus dem Sozialraum
> Kontakte zu relevanten Institutionen im Sozialraum
> Öffentlichkeitsarbeit

haben das Kinder- und Familienzentrum über den Sozialraum hinaus bekannt gemacht. Dies lässt sich aus der positiven Resonanz und den Anfragen von Gruppen und Experten ablesen.

4. Vorläufige Empfehlungen zur Übertragung der Praxis und Prinzipien aus dem Kinder- und Familienzentrum Schillerstraße auf andere Kindertagesstätten

Der Veränderungsprozess, in dessen Verlauf sich eine Kindertagesstätte in ein Kinder- und Familienzentrum „verwandelt", beruht auf drei Wissenskomponenten[8]:

> dem **„Wertewissen"** bezüglich des Menschenbildes und der Haltungen gegenüber Eltern und Kindern,
> dem **„strategischen Wissen"** bezüglich des zu übertragenden Konzeptes,
> dem **„Handlungswissen"** bezüglich der Umsetzung von Anker-Beispielen wie dem Beobachtungsauftrag, den Entwicklungsordnern, den Elterngesprächen, der Gestaltung von Räumen, den Angeboten für Eltern.

1) Dank der erfolgreichen Arbeit von Erzieher/innen, Kita-Leitung und Koordinatorin konnte das Handlungswissen des Projekts Pen Green in Corby bisher gut umgesetzt werden und günstige Veränderungen im Bereich der Werte und Haltung bewirken (vgl. Abschnitt 2.2). An der Weitergabe dieses Handlungswissens an andere Kindertagesstätten könnten auch die Erzieher/innen des Kinder- und Familienzentrums beteiligt werden. Schließlich sind es auch in Corby die dortigen Erzieher/innen, die allen Besucher/innen aus Berlin vermitteln, worauf es ihnen ankommt.
2) Pen Green ist aber mehr als die Summe einzelner Handlungskomponenten oder Anker-Beispiele. Deshalb kann auf die Erarbeitung eines Konzeptes für das Kinder- und Familienzentren in Berlin nicht verzichtet werden. Diese Aufgabe könnte im dritten Projektjahr von der Koordinatorin in Kooperation mit der Entwicklungsgruppe übernommen werden.

---

[8] vgl. Krüger 2000

3) Pen Green in Corby ist von der wechselseitigen Wertschätzung aller Beteiligten getragen. Diese Haltung sollte den Erzieher/innen der anderen Kindertagesstätten nicht nur abverlangt, sondern auch entgegengebracht werden. Infolgedessen sollte in den späteren Übertragungs- und Veränderungsprozessen eine Balance zwischen Bewahren und Verändern angestrebt werden[9] Ausgangspunkt für eine solche Balance könnte in den anderen Kindertagesstätten eine Bestandsaufnahme sein, um zu erkunden, welche Erfahrungen und Praktiken bewahrenswert seien.

5. Literatur

Honig, M.-S. (2002) Pädagogische Qualität als erziehungswissenschaftliches Problem. Neue Praxis 32, S. 216-230

Krüger, W. (2000) Organisationsmanagement: Vom Wandel der Organisation zur Organisation des Wandels. In: Frese, E. (Hrsg) (2000) Organisationsmanagement. Stuttgart: Schäffer-Poeschel, S. 271-304

---

[9] vgl. 1. Zwischenbericht

6. Anhang

Auswertung der Fragebögen (n=11 / von 15 Erzieherinnen) [10]

Frage 1) Handhabung der Beobachtungsbögen

sie sind gut zu handhaben

1. trifft zu	2. trifft eher zu	3. trifft eher nicht zu	4. trifft nicht zu
6	5		

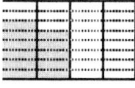

sie sind gut verständlich:

1trifft zu	trifft eher zu	trifft eher nicht zu	trifft nicht zu
6	4	1	

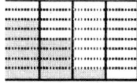

sie sind übersichtlich:

trifft zu	trifft eher zu	trifft eher nicht zu	4trifft nicht zu
6	4		

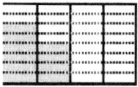

sie sind gut auszuwerten:

trifft zu	trifft eher zu	trifft eher nicht zu	trifft nicht zu
5	6		

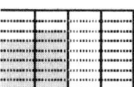

sie umfassen alles Wesentliche:

trifft zu	trifft eher zu	trifft eher nicht zu	trifft nicht zu
4	5	2	

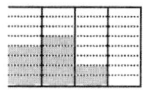

Kommentar:
Die Beobachtungsbögen sind gut zu handhaben, verständlich; sie umfassen wesentliche Dinge und sind gut auszuwerten.

Aus dieser Beantwortung lässt sich auch eine **Akzeptanz der Beobachtungsbögen** und der damit verbundenen Aufgaben ableiten.

Frage 2) Zeit für Auswertung und Austausch
Es ist nicht ausreichend Zeit dafür vorhanden

trifft zu	trifft eher zu	trifft eher nicht zu	trifft nicht zu
		6	5

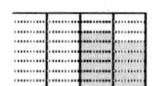

Kommentar: Hypothese : Die Erzieherinnen erleben die Aufgaben, die sich aus den Beobachtungsbögen ergeben zwar als sinnvoll, halten aber die Zeit, die sie für eine fachgerechte Bearbeitung benötigen, für nicht ausreichend.

---

[10] Unterhalb der Auswertung einer jeden Frage werden in einem Kommentar die Hypothesen genannt, die zur Formulierung dieser Frage geführt haben.

Begründung: In den Abteilungssitzungen, in denen die Auswertung der Bögen Thema sein sollen, gibt es oft dringende aktuelle Aufgaben zu besprechen. Außerdem erwähnen die Erzieherinnen des öfteren, dass nicht genügend Zeit vorhanden sei.

Auswertung: In der Befragung wird die Zeit uneingeschränkt für nicht ausreichend erachtet.

Frage 3) Die Arbeit mit den Bögen hat meinen Blick auf die Kinder verändert: **ja**

trifft zu	trifft eher zu	trifft eher nicht zu	trifft nicht zu
8	3		

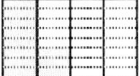

Beispiele:
- ™ *Wir arbeiten nicht mehr in Gruppen und doch haben wir alle im Blick. Ich merke sofort, wenn ein Kind fehlt oder ich es längere Zeit in der Abteilung nicht sehe. So schaue ich nach, wo es sein könnte, ob es Hilfe braucht.*
- ™ *Nicht durch die Beobachtung alleine, sondern durch den Austausch.*
- ™ *Bei einem Jungen stellte ich durch die gemeinsame Beobachtung fest, dass er stark im Kontakt und im Spiel ist, mit mehreren Kindern unterschiedlichen Alters.*
- ™ *Durch das gezielte Beobachten der Kinder und dadurch, dass das gesamte Team Beobachtung durchführt, finde ich, dass man genauer hinschaut beim einzelnen Kind.*
- ™ *Bei einem jüngeren Kind habe ich festgestellt, wie gut die Feinmotorik schon entwickelt ist und welche genauen Interessen die Kinder haben.*
- ™ *Man beobachtet differenzierter und der Austausch mit den Kollegen gibt eine reichhaltigere Beobachtung und somit ein besseres Gesamtbild vom Kind*
- ™ *Bei direkten Beobachtungen können Schemas erkannt werden, die sonst nicht so intensiv wahrgenommen werden.*

Kommentar:
Hypothese: Die Aufgabe, die Kinder systematisch zu beobachten, um zu erkennen, welche Aktivitäten von den Kindern gern, mit Interesse und Wohlbefinden ausgeführt werden, lenkt den Blick auf (möglicherweise bislang unbeachtete) „Ressourcen" (Fähigkeiten und Interessen) der Kinder.
Begründung (vgl. 1. Zwischenbericht)
Auswertung: Der Blick auf die Kinder hat sich durch die Beobachtungsbögen verändert.

Frage 4) Haben Sie oder Ihr Team aufgrund einer Beobachtung schon einmal ein Angebot für die Kinder entwickelt.
     ja **11x**   *nein* **0**

Beispiele
- ™ *Anhand von Spielen mit Wasser im Waschraum, wurde eine Plantsch-Aktion mit einigen Kindern durchgeführt. (mehrmals genannt)*
- ™ *Verbindungen schaffen, Wasser einfüllen, ausgießen, Linien / Transport / Bewegung*
- ™ *Bewegung im Garten, Stelzen, Pedalo, Parcours*
- ™ *Wasser: Gefäße zum ein- und ausfüllen*
- ™ *Interesse an Dinosauriern: Besuch im Naturkundemuseum (**mehrmals** genannt)*
- ™ *Spiel und Experimente mit Wasser*
- ™ *Bei zwei bis drei Kindern starker Bewegungsbedarf (Linien-Rotation) wir hatten ein Angebot im Außen- und Innenbereich: Bälle, Schwungtuch-Trampolin - Ballscheibe, Wasserspiel*
- ™ *Schema: gerade Linien: Schienen aneinander reihen.*
- ™ *Kind verändert gern Material, beobachtete eine Murmel: Murmelmalbilder mit Farbe herstellen*
- ™ *Ein Junge ist sehr bewegungsfreudig und mutig, springt gern aus Höhen. Ich habe ihm in der Story Time ein Balancespiel angeboten, mit Höhen, Tiefen und verschiedenen Breiten. Er war sehr sicher, obwohl er zur Zeit dieses Experiments der Jüngste war, wobei einige Ältere Schwierigkeiten hatten, oben zu bleiben. Er lief es sehr schnell, zögerte nur einmal.*

Kommentar:
Hypothese / Begründung: Mit den Beobachtungsbögen ist die Aufgabe verbunden, aus den Beobachtungen Angebote zu entwickeln. Gemäß dem ersten Zwischenbericht lag der Akzent noch auf der Handhabung der Beobachtungsbögen; die Frage, welche Angebote zu entwickeln seien, löste zuweilen

noch Unsicherheit aus. Inzwischen sind alle Beteiligten sicherer darin geworden, die Beobachtungen zum Anlass für Angebote zu nutzen

Auswertung: Alle bejahen diese Frage; es wurden Angebote aus den Beobachtungen entwickelt, und es werden entsprechende Beispiele genannt

Frage 5) Was würden Sie gern insgesamt verändern, damit die Ergebnisse aus den Beobachtungen noch besser für die Kinder umgesetzt werden können ?

man braucht nichts zu ändern	**1**
folgendes würde ich gern ändern	**10**

Gewünschte Änderungen:
™ *mehr Personal / mehr Zeit (**mehrmals** genannt)*
™ *insgesamt andere Arbeitszeiten der Erzieherinnen, damit die Beobachtungen regelmäßig gewährleistet werden können, z.B. alle Erzieherinnen arbeiten sechs Stunden pro Tag.*
™ *mehr Zeit*
™ *die geplanten Angebote offen groß auf Papier schreiben, damit sie nicht vergessen werden und untergehen können.-*
™ *leider kommt immer mal wieder vor, dass man nicht zum Beobachten kommt; für mich ist dann die Kontinuität unterbrochen, habe leider in diesem Punkt keine Lösung.*
™ *mehr Wissen über Verhaltensmuster erlangen*
™ *mehr Personal, damit die Angebote umgesetzt werden können.*
™ *es müsste in erster Linie ausreichend Personal in den Hauptzeiten vorhanden sein. Überlegung: Jeder Erzieher 6 Stunden.*

Kommentar:
Hypothese / Begründung: In den Gesprächen mit den Erzieherinnen in den Abteilungsversammlungen wurde die Meinung vertreten, dass man die Beobachtungsbögen im Prinzip noch besser nutzen könne als es bislang geschieht.
Auswertung: Nahezu alle Befragten nennen Änderungsvorschläge: Überwiegend mehr Personal / mehr Zeit. Der Vorschlag, alle Erzieherinnen sollten sechs Stunden am Tag arbeiten, wird häufig genannt. Außerdem wird mehr Wissen über Verhaltensmuster der Kinder für erforderlich gehalten.

Frage 6) Beobachtungen und Elterngespräche
Bei den Elterngesprächen werden hauptsächlich die Ergebnisse aus den Beobachtungen besprochen
teilweise trifft das zu

trifft zu	trifft eher zu	trifft eher nicht zu	trifft nicht zu
2	5	4	

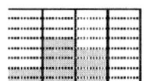

Im Vergleich zu der Zeit vor Pen Green verlaufen die Elterngespräche konstruktiver
das trifft (eher)zu

trifft zu	trifft eher zu	trifft eher nicht zu	trifft nicht zu
4	6		

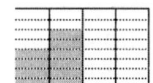

Welche Veränderungen halten Sie persönlich für besonders wichtig?
™ *Die Elterngespräche laufen regelmäßiger ab. Die Zusammenarbeit mit den Eltern ist intensiver. Die Eltern arbeiten intensiver mit.*
™ *Dass öfter welche stattfinden als früher finde ich besonders gut und wichtig für die Zusammenarbeit mit den Eltern und das Verständnis für die Familiensituation und somit für das Kind.*
™ *Die Offenheit der Eltern, dass die Elterngespräche mit beiden „Family Worker" geführt werden. Dass wir die Eltern bitten, über ihre Kinder Notizen zu machen (Sie haben von uns ein AU-Heft bekommen.)*
™ *Dass mindestens zweimal jährlich Elterngespräche stattfinden.*

™ *Dass Videoaufnahmen über das betreffende Kind als Gesprächsgrundlage dienen.*

™ *Ich kann in dem Gespräch auf gemeinsame Beobachtungen zurückgreifen, es kann eine Kollegin das Gespräch mitmachen. Ich kann viel breiter über die Verhaltensmuster des Kindes erzählen.*

™ *Spezielle Sichtweisen vom Kind - professioneller*

™ *Ich hatte (früher) so gut wie keine Elterngespräche. Heute kommen die Eltern von sich aus und fragen nach, wann das nächste Elterngespräch stattfindet. Das Interesse an Information ist für sie wichtiger geworden.*

™ *Alle sind verpflichtet, Elterngespräche zu machen, alle bereiten sich vor, mehr Bewusstsein dafür*

™ *Ich erfahre mehr Persönliches von den Eltern, weiß mehr was sie bewegt*

Kommentar:

Hypothesen: Die Beobachtungen beeinflussen die Elterngespräche. Sie sind Gegenstand der Elterngespräche und sie tragen dazu bei, dass die Elterngespräche konstruktiver verlaufen.

Auswertung: Die Ergebnisse der Beobachtungen sind Gegenstand der Elterngespräche (wenn auch nicht einziger Gegenstand). Uneingeschränkt als zutreffend bzw. „eher zutreffend" werden die Elterngespräche im Vergleich zu der Zeit „vor Pen Green" für konstruktiver gehalten. Die Elterngespräche sind intensiver; man hält sie für professioneller; dank der Beobachtungen und der Videoaufzeichnungen zeigen auch die Eltern mehr Interesse an den Elterngesprächen. Desgleichen werden die Eltern zu Beobachtungen angeregt.

Fragen zum Vergleich Corby - Schillerstraße Berlin

Frage 7) Rituale (wie z.B. Geburtstagsfeiern, Vorweihnachtszeit, Laternen basteln)
Im Vergleich zu Corby gibt es in der Schillerstraße

mehr Rituale	7
gleich viele Rituale	0
weniger Rituale	1

Frage 8) Feststehende Angebote (wie z.B. Schwimmen)
Im Vergleich zu Corby gibt es in der Schillerstraße

mehr feste Angebote	4
gleich viel feste Angebote	1
weniger Angebote	3

Frage 9) Regeln, die von den Kindern zu beachten sind. Im Vergleich zu Corby gibt es in der Schillerstraße

mehr Regeln	6
Gleich viele Regeln	2
weniger Regeln	0

Kommentar:

7– 9 Fragen zum Vergleich Corby-Schillerstraße Berlin

Die unterschiedlichen Rahmenbedingungen, kulturellen Gewohnheiten und Unterschiede im Umfeld der Kita sowie Unterschiede bezüglich der Familiensituationen bedingen eine teilweise unterschiedliche Umsetzung der Prinzipien von Pen Green. In den Fragen 7-11 spiegeln sich Unsicherheiten wider, die in der Anfangsphase des Projekts Gegenstand von Diskussionen waren. Erst im Verlauf des Projekts haben die Erzieherinnen die Sicherheit gewonnen, das „Puzzle" Pen Green-Berlin allmählich zusammenzusetzen.

Hypothese: Es gibt in Berlin mehr „Rituale", „feste Angebote" und „Regeln", die von den Kindern zu beachten sind. Bezüglich der **„Rituale"** (Geburtstagsfeiern, Laternen basteln) nehmen die Erzieherinnen an, dass es mehr Rituale in der Schillerstraße gibt.

Hinsichtlich **„feststehender Angebote"** (Schwimmen) lässt sich keine eindeutige Aussage treffen. Überwiegend wird angenommen, es gebe mehr **feststehende Regeln** für die Kinder.

Frage 10) Möglicherweise gibt es in Corby auch etwas, das Sie gern in der Schillerstraße einführen würden,

was wäre das
™ *Die Arbeitszeiten 8.00–16.00*
™ *die Fortbildung*
™ *den Erzieherschlüssel*
™ *kürzere Öffnungszeiten*
™ *mehr Vorbereitungszeit*
™ *Ausflüge mit Eltern zielgerichtet auf ihr Kind*
™ *mehr Personal / weniger Kinder /mehr Personal mehr Zeit (mehrfach)*
™ *Das Küchenpersonal bereitet den Essensraum vor und nach*
™ *die Erzieher essen extra (ohne Kinder) bis auf zwei, die bei den Kindern sind*
™ *in jedem Spielbereich eine Erzieherin, so dass diese Bereiche für die Kinder jederzeit zur Verfügung stehen*
™ *weniger Spielzeug, dafür Werkzeugbank, Werkzeugschrank: eine zentrale Stelle im Haus, Wassertisch im Raum*
™ *wissenschaftlich arbeiten, wie im Jimmy´s*
™ *mehr Öffentlichkeitsarbeit*
™ *den Einsatz von Eltern, die mitmachen wollen*
™ *die Bearbeitung und Begleitung bei der pädagogischen Arbeit (Fortbildungen)*
™ *alle Erzieher arbeiten die gleich Zahl von Wochenstunden.*

Frage 11) Es könnte aber auch sein, dass es in Corby etwas gibt, das Sie nicht in der Schillerstraße einführen mögen

was wäre das?
™ *kein Unterlassen der Rituale, die wir bisher hatten (die es in Corby nicht gibt)*
™ *die homogene Altersstruktur*
™ *die Vor-Nachmittagsbetreuung (dass die Kinder mittags nach Hause gehen und zwei Durchläufe am Tag sind) (mehrmals)*
™ *Die Zeit eines ganzen Tages mit Kindern zu verbringen, sehe ich als produktiver an, das Kind hat mehr Zeit, sich auszuprobieren*
™ *Kinder brauchen nicht aufzuräumen.*

Hypothese: Die Unterschiede zwischen Corby und Berlin werden realitätsgerecht wahrgenommen, ohne den einen oder anderen Ort für besser oder schlechter zu halten
Auswertung: Ein großer Bereich der Antworten zu Frage 10) betrifft, die Organisation der Arbeitszeit und den Personalschlüssel sowie die Ausstattung mit Material, aber auch die Möglichkeit zu wissenschaftlichem Arbeiten und die pädagogische Begleitung der Arbeit. Bei Frage 11 werden als Merkmale von Corby, die nicht übernommen werden sollten, die folgenden genannt: die homogene Altersstruktur, die Vor- und Nachmittagsbetreuung unterschiedlicher Kinder und das Fehlen von Ritualen.

Frage 12) Was ist Ihrer Ansicht nach das Beste an Pen Green?
™ *Das Bewusstsein für die Kinder wird geschärft.*
™ *Das schriftliche Beobachten, dadurch mehr Wissen über die Kinder - Teamarbeit*
™ *Die gezielten Beobachtungen am Kind und sich daraus ergebende Förderungsmöglichkeiten und das Interesse am Kind bei den Eltern wecken. (mehrfach)*
™ *Das Menschenbild*
™ *Die geringe Kinderanzahl, individuelle Betreuung*
™ *Die Art der Beobachtung, der Auswertung, die Umsetzung. (mehrfach)*
™ *Die Einstellung / Sicht dem Kind, den Eltern gegenüber zeigt sich im freundlichen, toleranten Umgang*
™ *Veränderter Blick auf das Kind*
™ *Dass offensichtlich immer ausreichend Betreuungspersonen da sind (mehrfach)*
™ *Die Grundlagen für eine Videoaufnahme*
™ *Die Situationsbücher werden von den Kindern geliebt, die Entwicklungsordner, die regelmäßigen Elterngespräche sehr positiv (mehrfach)*
™ *Die Kinder werden selbständiger, kreativer*

Autorinnen

Arnold, Cath, M.Ed.
Stellvertretende Leiterin des Pen Green Forschungszentrums, Corby

Auth, Regina
Erzieherin im Kinder- und Familienzentrum - Schillerstraße

Burdorf-Schulz, Jutta
Projektkoordinatorin im Kinder- und Familienzentrum - Schillerstraße

Gerhold, Brigitte
Leiterin der Abteilung Kinder- und Jugendhilfe im Pestalozzi-Fröbel-Haus

Prof. Dr. Gross-Letzelter, Michaela
Professorin an der Evangelischen Fachhochschule für Sozialarbeit und Sozialpädagogik, Berlin

Dr. Hebenstreit-Müller, Sabine
Direktorin des Pestalozzi-Fröbel-Hauses

Kühnel, Barbara
Fachberaterin im Pestalozzi-Fröbel-Haus

Prof. Dr. Meinhold, Marianne
Professorin an der Evangelischen Fachhochschule für Sozialarbeit und Sozialpädagogik, Berlin

Müller, Renate
Leiterin des Kinder- und Familienzentrums -Schillerstraße

Pforr, Cornelia
Erzieherin im Kinder- und Familienzentrum - Schillerstraße

Scholz, Angelika
Erzieherin im Kinder- und Familienzentrum - Schillerstraße

Wilke, Franziska
Studentin an der Freien Universität Berlin im Schwerpunkt „Kleinkindpädagogik"

Zimmermann, Regina
Erzieherin im Kinder- und Familienzentrum – Schillerstraße

Wenn Sie uns Ihre Adresse mitteilen, informieren wir Sie regelmäßig über Neuerscheinungen.

Dieses Buch erhalten Sie – wie alle anderen aus unserem Verlag – im Buchhandel oder porto- und verpackungsfrei unter folgender Anschrift:

dohrmann Verlag.berlin

Ringstr. 78
12205 Berlin
Tel: 030 – 833 6441
Fax: 030 – 80 40 98 90
E-mail: wdohrmann@pfh-schulen.de